SOUVENIRS
DE LA
COMMUNE
1871

PAR

EDGAR MONTEIL

PARIS. CHARAVAY FRÈRES EDITEURS
4 Rue de Furstenberg
1883

SOUVENIRS

DE LA

COMMUNE

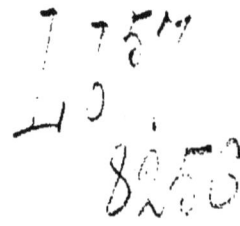

TOUS DROITS RÉSERVÉS

SOUVENIRS
DE LA
COMMUNE
1871

PAR

EDGAR MONTEIL

PARIS. CHARAVAY FRÈRES ÉDITEURS
4 Rue de Furstenberg
1883

L'AUTEUR DÉDIE CE LIVRE

A LA MÉMOIRE

DE CHARLES HUGO ET DE FRANÇOIS-VICTOR HUGO

A

VICTOR HUGO

AUGUSTE VACQUERIE ET ÉDOUARD LOCKROY

A L'IMPRIMEUR BALITOUT

A TOUS CEUX QUI

COLLABORÈRENT AU JOURNAL

LE RAPPEL

PENDANT LA COMMUNE

—

A SES COMPAGNONS DE CAPTIVITÉ

PRÉFACE

Quand on a été droit son chemin, quand rien ne vous a fait dévier au milieu des misères de la vie et du combat pour l'existence, quand on a toujours levé assez haut la tête pour tenir à distance ceux qu'on regarde comme indignes, quand, en un mot, on se sent honnête, il ne coûte point de dire la vérité. Mais celui-là aurait-il eu des reproches réels à s'adresser (et il y a bien peu d'hommes qui ne puissent se frapper la poitrine) qu'il serait honnête par la façon dont il confesserait sa vie. C'est par là que Jean-Jacques Rousseau serait supérieur à tant d'hommes célèbres et à Voltaire lui-même s'il ne fallait se garder d'imposer au génie un ordre hiérarchique : il a écrit *les Confessions*.

On peut s'écrier qu'il inventa la musique chiffrée dont on ne parle aujourd'hui qu'en y accolant des noms qui ne sont pas le sien; qu'il fut démocrate en son cœur; qu'il exerça une influence considérable sur la Révolution avec le *Contrat social;* que son *Emile* est le code toujours ouvert de notre éducation nationale: Jean-Jacques est l'auteur des *Confessions*, c'est-à-dire de la plus admirable analyse de l'homme qui ait jamais été publiée, d'un des plus grands chefs-d'œuvre qui se soient produits durant le cours des siècles innombrables.

Loin de moi la pensée de mettre les *Souvenirs de la Commune* en parallèle avec les *Confessions*, de les ranger même à la suite. Ces *Souvenirs* ne contiennent pas l'analyse de mon moi, mais bien les faits dont je fus témoin à une époque qui a laissé sa marque douloureuse dans notre histoire. Seulement, pour écrire consciencieusement ce que j'avais vu, et uniquement ce que j'avais vu, il m'a fallu réprimer sévèrement le petit côté gloriole vers lequel on penche naturellement et me rappeler le courage de Jean-Jacques.

Assurément, l'habitude que j'ai d'agir franchement, quitte à froisser les passants sur ma route et à me faire taxer de violence, m'a rendu facile la tâche que j'entreprenais, mais encore, quelquefois, ai-je dû me répéter qu'on doit tenir aussi bien au blâme de ses contemporains pour

PRÉFACE

ses fautes qu'à leurs louanges pour ses bonnes actions.

J'ai donc mis dans ce livre ce qui m'était personnel et ne me suis point égaré dans des considérations générales et dans des polémiques. Pour ne rien écrire qui pût blesser un autre que moi j'ai passé certaines choses sous silence auxquelles j'avais cependant été mêlé, et je n'ai pas publié une seule des nombreuses pièces qu'un hasard un peu cherché fit tomber entre mes mains. Je n'ai compromis ni perdu personne. Oh ! non par bonté d'âme ! je ne suis bon que pour mes amis, à condition qu'ils me rendent un peu de l'amitié que je leur voue et que ce ne soient gens à me tendre la main par devant pour aller m'attaquer par derrière. Non, j'ai écrit ainsi mes *Souvenirs* pour que mon livre fût plus condensé, plus personnel, et j'attends pour le reste une heure propice, heure à laquelle on a à se venger ou à laquelle les intéressés sont morts, mais heure qui sonne toujours.

On trouvera dans ce livre quelques notes sur le temps de la guerre avec la Prusse qui sont les prolégomènes de mes souvenirs de la Commune. J'ai raconté comment je me mêlai au mouvement insurrectionnel, et de quelle façon j'exerçai un commandement assez considérable à la Place de Paris et à la Délégation de la Guerre. Je raconte ensuite mon arrestation et mes prisons. C'est là tout. Rien de plus simple. J'ai dit j'étais là, telle chose m'advint, puissiez-vous croire y être vous-même, c'est mon souhait.

Si je n'avais affaire à des hommes, je souhaiterais peut-être quelque chose de plus : ce serait qu'on déclarât que ce livre est d'un juste. Mais ceci ne se dit plus. On prétend qu'on le disait à Athènes, mais il y a longtemps et c'était loin d'ici. Je ferai sagement de n'oublier pas qu'on attaque encore aujourd'hui Jean-Jacques précisément pour ce qui me le fait aimer, et que ce qu'il y a de moins décevant est de se contenter de sa propre estime. C'est d'ailleurs l'estime de soi qui, à travers les hauts et les bas de la vie politique et littéraire, rend les hommes loyaux et fiers.

M.

PREMIÈRE PARTIE

PENDANT LA GUERRE — SOUS LA COMMUNE

I

Les élections de 1869 me prirent beaucoup de mon temps et me donnèrent beaucoup de peine. Le plébiscite leur succédant quasiment, je ne quittai pas la brèche.

Je parlai chaque jour dans une ou plusieurs réunions; plusieurs fois nommé président du club du Pré-aux-Clercs, je fus élu ensuite par le même club membre de la Commission de surveillance des votes militaires, que présida Lockroy ; j'étais en même temps rédacteur du *Rappel* ; j'avais en sus mes travaux personnels que j'ai constamment poursuivis : j'éprouvais donc une grande fatigue à laquelle vint se mêler le découragement de la défaite quand le plébiscite eut fourni ses néfastes résultats. Je partis pour le département de l'Isère où se trouve une partie de ma famille et j'emmenai avec moi mon vieil et bon ami Gaston Lemay. Nous passâmes à Thodure environ six semaines, après quoi il alla à Lyon tandis que je demeurais.

La guerre fut déclarée sur ces entrefaites.

II

Si on veut savoir de quelle façon je vis la province durant la guerre, on consultera mon livre des *Couches sociales* ; mais ici, je dois dire que les paysans dauphinois au milieu desquels je me trouvais, reçurent avec joie la nouvelle de la déclaration de guerre et s'imaginèrent que les armées françaises seraient promptement à Berlin. Pas un de ces braves gens n'eut l'idée que nous pouvions être battus, ils se refusèrent d'ajouter foi aux premières nouvelles de nos défaites, et, quand enfin ils n'en purent douter, ils en furent tout hébétés.

J'avais partagé leurs sentiments. Ne tombant sous le coup d'aucune loi militaire, je pensai, d'abord, que les soldats se tireraient d'affaire sans moi et me décidai à attendre dans ma solitude la fin de cette aventure. Mais j'apprends qu'on nous tue et me voici chatouillé de l'amour des batailles, et tout-à-fait convaincu que je suis indispensable au salut de ma patrie. J'écris à Lemay, à Lyon; il me répond qu'il faut songer, en effet, à ses devoirs de citoyen et qu'il m'attend pour retourner à Paris. Je fais un paquet de mes hardes, je les ficelle sur mon dos comme il sied à quelqu'un qui va devenir soldat, j'embrasse mes parents désolés de mon départ, et j'arrive à Lyon, à la nuit, où je trouve Lemay et mon pauvre ami Nicolas Jangot (1) dormant fort tranquillement; les Lyonnais aussi.

III

Lyon n'était cependant pas calme. Dès le matin, la place des Terreaux se remplissait de monde. Les cléricaux et les agents de police s'entendaient pour maltraiter tous ceux dont la confiance en l'Empereur était renfermée dans de très-justes limites. J'assistai là à la réception de cette fameuse dépêche qui a été depuis assimilée à un coup de Bourse et dans laquelle, ainsi qu'il l'avait fait dans les couloirs du Corps-législatif, Emile Ollivier annonçait une incommensurable

---

(1) Fabricant d'ornements d'église, à Lyon. Mort en 18-1.

victoire. Ce que je vis alors bourrer de personnes dont l'enthousiasme n'était point assez chaud, ce que je vis emmener violemment au poste de gens dont l'incrédulité s'était manifestée trop haut, c'est incroyable! Le lendemain, il est vrai, cette surexcitation dernière tomba brusquement et ce fut fini des exploits de la police et des cléricaux.

Mais j'assistai à un plus beau spectacle : le départ des mobiles lyonnais pour le camp de Sathonay.

J'ai fait une partie de mes études au lycée de Lyon, c'est dire que j'ai quelques camarades dans cette ville. Ils m'engagèrent à les accompagner au camp.

Nous partîmes bras-dessus, bras-dessous, mobiles, amis, parents, au milieu d'un concours immense de la population, du peuple arborant des drapeaux, jetant des fleurs, saluant ce long cortège qui passait sur les quais du Rhône, chantant notre chant national, *La*

Marseillaise, et, après *La Marseillaise,* le *Ça ira.*

Les parents pleuraient. Je me souviens d'un vieil ouvrier qui, penché à sa fenêtre du quai Saint-Clair, les yeux mouillés de larmes, la voix étranglée, s'écriait: « Je vous bénis! Sauvez la France! Je vous bénis! » Ailleurs, une mère se précipitait sur le passage de son fils, et comme si elle n'eût dû le revoir : « Va, mon fils, va ! » disait-elle au milieu des sanglots. On eût dit des Romains. C'était poignant, c'était sublime. Les mobiles marchaient, fermes. Je n'ai jamais vu d'autres hommes que les Français pour partir si bravement en guerre. Au camp de Sathonay, les mobiles, lorsqu'on leur eut désigné leur baraquement, furent libres d'agir à leur volonté jusqu'au soir; des dîners s'improvisèrent de tous les côtés, le champagne coula à flots, et seulement à la nuit, les parents et les amis revinrent tristement à Lyon.

Je demeurai encore quelques jours dans cette ville et rentrai seul à Paris, dans mon humble chambrette de la rue de Seine, numéro 6.

IV

Je ne me rappelle pas exactement ce que je fis en arrivant à Paris ; j'ai l'habitude de prendre quotidiennement des notes et de tenir un journal, mais lorsque, après la Commune, les soldats firent chez moi plus qu'une perquisition, aidés, je crois, par la nombreuse domesticité de la maison, ils emportèrent ma correspondance, mes notes, plusieurs années de labeurs; mon manuscrit de *Antoinette Margueron* et mes notes du *Catéchisme du libre-penseur*, leur échappèrent par miracle.

J'allai redemander ma place de reporter du *Rappel* à Auguste Vacquerie, et, quelques jours après, de nouvelles défaites étant venues se joindre aux premières, Lemay arrivait à

Paris et partageait mon logement. Les bataillons de la garde-nationale étaient en formation. Celui de la rue de Seine était le 84°. Lemay et moi nous nous y engageâmes. Je fus délégué pour la nomination du commandant; nous choisîmes Bixio au manquement de Flourens et nous élûmes pour notre capitaine un employé des Beaux-Arts, ancien soldat, M. Madeleine, élection dont la compagnie n'eut, m'a-t-on dit, qu'à se louer. On m'offrit un grade. Il ne m'eût guère convenu d'être lieutenant ne sachant pas manier un fusil, encore moins commander. Je refusai. Je demeurai simple garde. Je fus exact aux exercices. Notre compagnie était superbe. Je montai ma première garde aux remparts. Mon rôle était là; il devait, veux-je dire, être là, si le siège eût été ce qu'il aurait dû être; là, dans le 84° bataillon, ou avec mon ami Lemay, lorsqu'il quitta le 84° pour l'artillerie de la garde-nationale dont tout *le Rappel* prit le képi. Mais j'étais tourmenté d'une idée ambitieuse.

Cette idée, qui me tourmente encore, me tourmentera jusqu'à ce qu'elle soit satisfaite parce que je travaille pour jouer un rôle politique et crois que j'en jouerai un, cette idée est d'être représentant du peuple. Aujourd'hui, je me dis qu'un pareil titre devient la récompense d'une vie de travail, que, pour y parvenir, il faut avoir fourni des preuves de ses capacités politiques, et qu'on peut servir autrement la République; mais en 1870, je me figurais qu'il suffisait d'être républicain et d'avoir écrit au *Rappel* pour que vos concitoyens se hâtassent de porter sur vous leurs suffrages. J'avais vingt-cinq ans et plus l'expérience des livres que celle des hommes : ceci est mon excuse.

Oh ! jétais bien jeune ! car savez-vous en quel pays je songeais à me faire élire ? Dans le Calvados, dans un milieu réactionnaire, qui l'était alors du moins, et qui l'est aisément encore ! Il est vrai que j'avais ma petite habileté. Je voulais me faire nommer sous-préfet à Vire, dans ce pays-là, parce que c'est mon pays natal, travailler mon arrondissement, et ensuite me faire porter sur la liste du comité de Caen. J'étais jeune, mais pas tout-à-fait bête.

Je parlai donc de ma sous-préfecture à Camille Pelletan et à Charles Simon qui étaient mes camarades du *Rappel*, mais ils me lanternèrent, je pense, et le premier décret qui fixait les élections au 16 octobre parut.

Je fais ce raisonnement, juste d'ailleurs, que les élections, sous le coup de nos défaites, doivent être républicaines, l'envie de me porter devient une obsession, je décide mon départ, et faisant un simple paquet de deux ou trois chemises, me voilà prêt.

Mais pouvait-on partir encore ? Je cours à la gare Montparnasse. Le chef-de-gare me dit que deux trains partiraient le soir l'un après l'autre. Je puis donc partir. Précisément un de mes joyeux compagnons doit aller rejoindre un régiment d'artillerie pour lequel il a une feuille de route. Nous cheminerons ensemble jusqu'au Mans.

Nous disons adieu aux amis. En ce moment nous sommes tous persuadés que le siège ne durera pas plus d'un mois. A bientôt donc et bonne chance !

V

Le train quitta Paris, si ma mémoire ne faut, à six heures du soir. Quel train ! Des femmes, des enfants, des hommes, des jeunes gens, des riches surtout. Un déménagement. Les voyageurs des premières parqués dans les troisièmes, les wagons bondés. Un pêle-mêle inouï. On ne vérifie même pas les billets. C'est déjà une déroute. On a le cœur serré. Les voyageurs craignent de rencontrer les uhlans ou de recevoir tout-à-coup une grêle de balles. Ce n'est qu'à Rambouillet qu'on se rassure un peu. Ainsi partaient les dernières personnes qui abandonnaient Paris.

Le dernier train était sauvé. Quelques heures après la voie appartenait à l'ennemi.

Sur le passage du train les paysans venaient voir. Presque tous les voyageurs les apostrophaient. « Tas de ruraux ! Tas d'imbéciles ! » leur criait-on « c'est vous qui nous valez la guerre, tas de *Oui* ! Hé bien ! vous allez voir ce que cela coûte, vous allez en tâter du prussien. » Les paysans ne riaient pas, je vous le jure.

Nous arrivâmes au Mans. Au plus vite nous nous mîmes à la recherche d'un gîte. Nous parcourûmes au milieu de la nuit je ne sais combien des rues obscures de cette ville qui nous était inconnue. A toutes les auberges où nous frappions, on nous répondait : « C'est plein. » A la fin, nous trouvâmes à nous coucher dans un grenier à foin. J'eus bien froid la nuit, oh ! bien froid !

Le lendemain nous nous séparâmes. Il partit pour son régiment où il devint maréchal-des-logis, et moi je me dirigeai sur Mezidon et sur Caen, au milieu de voyageurs dont plusieurs revenaient des colonies pour défendre la métropole.

VI

J'arrivai à Caen; je logeai chez un de mes bons parents, Le Roy, avocat près la Cour. Je vis ces messieurs du comité républicain et je me trouvai étranger parmi eux. Je commençai à sentir que mon entreprise était légèrement téméraire. Plus tard, je devais la trouver folle. Je n'en fis pas moins composer une belle affiche qu'on ne tira point. La remise des élections changea la situation.

VII

Je revins à mon acheminement, je veux dire à ma sous-préfecture. Pour l'obtenir, je partis pour Tours. Quel trajet! des familles en deuil, des colonnes d'émigrants, des républicains allant respirer l'air du nouveau gouvernement. On ne logeait plus dans les hôtels, on campait dans les gares.

J'arrive à Tours. Je vois Laurier. Il ne demandait qu'à me caser, mais je ne voulais pas être envoyé dans le premier endroit venu. Je voulais aller à Vire, pas ailleurs, et Vire était occupé. « Attendez ! » me dit Laurier. J'attendis. Je vis Cazot, je vis Crémieux, je vis Glais-Bizoin. On m'offrit de rester à la Délégation.

Ce n'était pas mon rêve, je tenais à mon rêve, avec mon entêtement ordinaire.

Je me promenais dans Tours. J'allais rue Royale, au café.

Ce café était plein. Charles Jourdan, assis à côté de Castagnary, m'y battait aux échecs, au milieu d'un brouhaha effrayant. Le soir, j'allais écouter des corps francs du Midi, de Bordeaux, qui chantaient sous les fenêtres de la préfecture. Laurier venait les remercier et leur dire d'aller chanter devant l'ennemi ; et les francs-tireurs allaient boire.

Ce fut en entrant un soir au café que je vis une table occupée par des officiers de Francs-tireurs de Paris. L'un d'eux me fit un signe. C'était La Cécilia, alors capitaine. La Cécilia avait été au *Rappel* (1). Là, je l'avais connu, aimé et apprécié. Je fus heureux de le rencontrer. Il voulait me faire engager dans ses francs-tireurs. — « Venez, » me dit-il « vous serez vite capitaine. » Je balançai. Je lui demandai de ne lui répondre que le lendemain.

Le lendemain, j'attendis Laurier à la sortie du conseil, au palais épiscopal. Nous revînmes ensemble, avec Cazot, à la préfecture.

En chemin, je fus bien étonné d'entendre

---

(1) Il gagnait peu de chose au *Rappel* où il faisait les traductions de journaux étrangers. On le retrouve dans ma journée du *4 Septembre* (Sardou, Bruxelles). Il est mort en exil. Les Francs-tireurs-de-Paris sont devenus les Francs-tireurs-de-Paris-Châteaudun.

Laurier parler de l'impossibilité de résister aux Prussiens et d'organiser aucune force. Cela m'écœura. A moi, personnellement, il me dit encore d'attendre, et je ne partis pas avec La Cécilia.

Quelques jours après, impatient, je poussais une pointe en Normandie avec l'intention de revenir. Je voyais, à Caen, Delorme, alors préfet du Calvados, auquel je faisais part de mes projets. « Ma foi, » me dit-il « Vire est la plus éloignée de mes sous-préfectures ; je n'en entends pas beaucoup parler ; je sais cependant que le sous-préfet actuel a fait des proclamations trop avancées et ne jouit d'aucune autorité ; je ne demande pas mieux que de vous avoir, dites-le à Laurier. »

Mais quelques jours après, c'était Gambetta qui se trouvait le chef de la Délégation du gouvernement.

J'attendis quelque temps et repartis pour Tours. Là, je rencontrai dans l'antichambre ministérielle un de ces nombreux émissaires que la province envoyait au Gouvernement, celui-ci député par la ville d'Avallon pour certaines affaires. Nous pûmes, à nous deux, faire d'amères réflexions sur le monde qui fréquentait cette antichambre. Il y avait là tous les serviteurs de l'Empire sollicitant des places du farouche député de Belleville. Je me rappelle entre autres un petit bossu, au visage usé, vieux, mais badigeonné de blanc et de rouge, avec des sourcils peints, une grosse épingle à la cravate, des doigts chargés de bagues, des décorations à foison, sentant d'une lieue le sous-préfet impérial à bonnes fortunes, et dont le souvenir seul soulève encore le dégoût dans mon cœur. Il y en avait d'autres à l'avenant. J'eusse dû retourner là souvent, pour étudier.

Mais j'avais d'autres préoccupations. Je fis passer ma carte à Spuller. Il vint. Il est aujourd'hui de mes amis, mais alors il ne me connaissait pas et je pense qu'il avait trop de besogne. Je commençais à être désespéré, le temps passait; d'autres accueils et de patriotiques consolations, comme celles que me donna Gambetta, ne me suffisaient pas. Je m'en revins en Normandie en compagnie d'André-Pasquet (1) et de René Brice (2), qui venaient l'un et l'autre de la Délégation.

VIII

Je commençai alors pour la première fois, probablement, de ma vie, à me rendre un peu compte de ma personnalité. Jusqu'alors, j'avais été en avant, à l'aveuglette, ne m'occupant que de mes travaux, que de mon action intrinsèque. Pour avoir collaboré à cinq ou six journaux, pour avoir fait de la propagande républicaine, pour m'être énormément remué, je m'imaginais être connu au

---

(1) Ancien rédacteur du *Siècle*.
(2) Aujourd'hui député de Redon.

moins du monde politique parisien. Je voyais que je n'étais connu en somme que des personnes avec lesquelles je m'étais trouvé en contact comme simple particulier. Mon nom n'avait pas encore suffisamment circulé, et le dévouement que j'avais apporté à la cause républicaine ne différait point de milliers de dévouements obscurs. Il fallait travailler et il fallait espérer. Et puis, j'avais trop vécu dans mes livres, et pas assez pratiqué les hommes. N'allant pour ainsi dire jamais au café, aimant mon chez moi, quelque pauvre fût-il, ma table de travail et ma plume, je devais attendre que, avançant dans la vie, mes relations se fussent établies et étendues, je devais particulièrement attendre que ma génération me portât avec elle avec le temps, car chaque génération arrive à son tour à la vie politique.

Plus tard, en prison, mon « angle réflexe » acheva de s'ouvrir. On dira peut-être que je ne fus pas précoce, mais enfin je ne devins un homme réfléchi, sérieux, tel qu'on l'entend dans notre société, qu'à vingt-sept ou vingt-huit ans. Aujourd'hui je le suis peut-être trop. On n'est jamais content.

Alors je n'étais pas content du tout. Quelques missions dont je fus chargé ne réussirent pas toutes à mon gré. Retiré en Normandie, j'étais triste. Je me laissai aller comme un pâtre assoupi regarde l'eau couler. Le moment d'abattement passé, je me secouai. Je voulus rejoindre l'armée de Garibaldi. J'écrivis à Ordinaire, préfet du Doubs, que je connaissais, et qui avait son fils, Ollivier Ordinaire (1), un de mes anciens amis, dans l'armée du grand patriote italien. Ordinaire (2) m'envoya une lettre pour le général Garibaldi. J'eus alors à me débattre au milieu des supplications d'une famille inquiète de me voir partir pour l'armée. La bataille du Mans

(1) Aujourd'hui vice-consul de France au Callao.
(2) Ordinaire avait été député du Doubs sous l'Empire; il s'est retiré dans la patrie de Courbet, à Mézières, près d'Ornans.

arriva sur ces entrefaites, puis la débandade, puis la capitulation de Paris, puis l'armistice. Et ce fut ainsi que la guerre se passa sans que je me fusse battu, sans que j'eusse tué au moins un Prussien, ainsi que tout bon citoyen le devait faire, et ce me sera un éternel remords, un éternel regret.

IX

Je demeurai le temps de l'armistice en Normandie, et, comme il fallait que je reprisse ma plume, je me décidai à rentrer à Paris où j'arrivai le soir du 17 mars 1871, absolument comme si j'y fusse venu tout exprès pour la Commune. Cependant, qui aurait pu dire ce soir-là que, le lendemain, il y aurait des barricades dans Paris ?

X

Je trouvai en arrivant mon ami Gaston Lemay. Nous nous arrangeâmes pour loger à deux dans notre chambrette de la rue de Seine. Depuis le temps où nous demeurions place du Panthéon, l'un au-dessous de l'autre, Lemay et moi, nous avons constamment habité ensemble jusqu'à mon exil, et nous nous en sommes bien trouvés.

Il était dans un état d'exaspération très-grand. Je connaissais peu « le Siège ». Son premier mot fut : « On nous a trahis, » son second : « On nous a vendus. » Il avait le droit de parler ainsi, lui qui s'était conduit en héros (1). Tant d'autres n'avaient commis que des infamies ! De combien de faits il m'instruisit peu-à-peu ! Il les relatera sans doute un jour, et il fera sagement, et pour ses contemporains et pour l'histoire.

— « On ramène demain le corps de Charles Hugo, » me dit-il « nous sommes tous deux du *Rappel*, nous l'avons connu, nous irons à l'enterrement. »

(1) Au plateau d'Avron, au fort de Rosny et au fort de La Briche.

— « Oui » dis-je.

Nous nous levâmes de bon matin, et nous allâmes déjeuner rue Mazarine, à notre vieille gargote d'étudiants, l'antique maison Bonbail, bien connue dans le Quartier-Latin.

XI

Le triste cortège était parti quand nous arrivâmes à la gare d'Orléans, Lemay et moi. Nous le rejoignîmes à la Bastille. En arrivant au boulevard Richard-Lenoir, nous fûmes extrêmement surpris de voir des barricades. Les personnes qui suivaient le char funèbre étaient peu nombreuses, une centaine tout au plus. Nous nous questionnâmes mutuellement. Nous ne savions rien, absolument rien.

Tout-à-coup Millière survint et se joignit aux amis du mort. Il nous apprit « qu'on avait voulu reprendre de force les canons de Montmartre, que la troupe avait fraternisé avec la garde-nationale, que Vinoy s'était sauvé comme un coïon, que Paris était en révolution. »

Nous nous en apercevions clairement : les rues se hérissaient de barricades. En reconnaissant Victor Hugo, les gardes-nationaux s'étaient mis volontairement à faire la haie de chaque côté du cercueil de Charles Hugo. Le bruit se répandait comme une traînée de poudre que Victor Hugo passait, conduisant, sa belle tête blanche découverte et penchée, son fils au cimetière, et les gardes-nationaux quittaient les barricades qu'ils élevaient pour venir se mettre en rang sur son passage ; les clairons sonnaient, les tambours battaient ; des compagnies de la ligne qui se rendaient à Versailles et qui devaient rentrer à Paris sur des cadavres, s'arrêtèrent un moment à porter les armes à ce cortège. Jusqu'au Père-Lachaise, ce fut une ovation spontanée.

Au Père-Lachaise, le nombre des assistants s'augmenta. On s'arrêta à la tombe de famille des Hugo. Le trou du caveau n'était pas assez large pour laisser passer la bière de Charles. Il fallut l'agrandir en cassant la pierre. Quand le corps fut dans le sépulcre, Auguste Vacquerie prononça des paroles d'adieu, et, après lui, une personne qu'aucun de nous ne connaissait, parla. Vacquerie lui demanda son nom ; il répondit : « Louis Mie. » C'était ce républicain dévoué, bien connu dans le Midi, qui devait mourir député, en 1877.

Lemay et moi, nous redescendîmes par la rue Oberkampf. Je ne sais pas combien il y avait déjà de barricades. « Votre pavé, citoyen ». C'était le tribut exigé de tous les passants ; on mettait son pavé à la barricade.

XII

Le soir, j'étais à Montmartre. Je m'informais de ce qui s'était passé. Tel boutiquier me racontait les choses d'une façon, tel passant les disait d'une autre. Je n'ai pas à retracer ici l'histoire de cette déplorable journée qui décida de la guerre civile, mais voici ce que je dois dire :

Il y avait sur les Buttes-Montmartre une forte batterie de pièces de marine braquées sur la plaine Saint-Denis; il n'y avait aucune gargousse pour ces pièces. Il y avait plusieurs pièces de position placées çà et là, notamment en haut des escaliers; il n'y avait aucune gargousse pour ces pièces. Il y avait enfin les canons enlevés à la place Wagram, en partie du moins, canons du siège, pièces de sept; pour charger ces canons on trouvait un seul et unique caisson contenant soixante gargousses. Il y avait cela et point davantage, j'en ai la conscience la plus formelle, car je me livrai à ce sujet à l'enquête la plus minutieuse, et les gardes-nationaux m'y aidèrent. Ces fameux canons de Montmartre, ces fantômes qui hantaient les cerveaux versaillais, c'étaient donc des morceaux de bronze ou de cuivre inoffensifs, puisqu'on n'avait pas de quoi les charger.

Or, le gouvernement qui céda si volontiers aux exigences des forcenés de la droite, n'eût-il pu dire : « Mieux vaut qu'on tire soixante coups de canon sur Paris que de bombarder Paris » ? Mais ce langage ne pouvait être tenu, le gouvernement eût-il été autre, devant des gens qui murmuraient lorsque Louis Blanc demandait qu'on évitât à tout prix la guerre civile.

XIII

Je savais, à Paris, ce qui se passait à Versailles. C'était la queue des insultes que le général Ducrot, ni mort, ni victorieux, avait lancées à Garibaldi victorieux, qui se déroulait. Oh! ma foi, la population de Paris ne s'en inquiétait pas outre-mesure. Chacun était dehors; on lisait les affiches du Comité-central et on les déclarait fort sages; Paris avait plutôt l'air d'être en fête que de commencer une révolution. Personne qui ne crût à la conciliation, à l'apaisement.

Personne? Je me trompe. Il y avait les réacteurs, les lecteurs du *Figaro* et de l'*Univers*, l'ancienne société des Gourdins-Réunis, les Amis-de-l'Ordre, qui fomentaient la guerre civile dans les rues de Paris comme dans les couloirs de Versailles.

Je les vis s'assembler un jour sur le boulevard. Le lendemain, je me trouvai par hasard sur le boulevard au moment où passa une bande qui allait provoquer la première collision sanglante. Je la suivis. Les hommes criaient et gesticulaient beaucoup. Ils étaient tous bien vêtus. A leur boutonnière était un ruban violet. Ils avaient l'air de forcenés, agitaient leurs cannes, appelaient les passants, et, sur le boulevard, ils secouaient rudement, en l'appelant « canaille », un pauvre commissionnaire inoffensif. Ils criaient : « Vive l'ordre ! A bas le comité ! » Un jeune homme, qui regardait comme moi, me dit qu'un des manifestants lui avait offert cinquante francs pour se joindre à eux.

Des curieux (c'est toujours ainsi) suivaient la manifestation. Au milieu des Gourdins-Réunis, on élève un drapeau sur lequel je lis très-distinctement « Amis de l'Ordre ». Ils enfilent la rue de la Paix. Leur marche est assez rapide. Ils sont à la place Vendôme, ils touchent les gardes-nationaux qui se sont rangés d'une maison à l'autre sur deux rangs, coupant la place.

Tout-à-coup, trois coups de feu partent, immédiatement suivis d'un feu de peloton. En un clin-d'œil, la rue de la Paix est vide. Je suis resté sur le boulevard, au coin de la rue. Les manifestants passent devant moi en criant : « Vengeance ! »

Le vide fait, je m'avance dans la rue de la Paix en faisant avec mon mouchoir des signes pacifiques. Là je vois, devant le pharmacien, situé à gauche en allant vers la place

Vendôme(1), à la moitié de la rue, un cadavre. **Je vois de loin encore deux points noirs. Je veux avancer. Les gardes-nationaux me font signe de reculer.** Je fais alors un détour et je reviens par la rue Neuve-des-Capucines. Je fais encore des signes avec mon mouchoir. On me répond d'avancer. Les gardes ont relevé un des cadavres, ils entourent l'autre. Je décline ma qualité : « rédacteur du *Rappel* ». Un lieutenant qui commande à ces hommes et paraît hors de lui, me dit en prenant dans le gilet du tué (un bel homme brun à moustaches, visage énergique contracté par la mort), en prenant, dis-je, un poignard forme couteau, attaché par une chaînette : « Vous voyez, citoyen, ils étaient armés. C'est eux qui ont commencé à tirer, ce n'est pas nous. »

Je passe. J'ai sur la tête mon képi du 84° bataillon. « Mauvais numéro » me dit un garde en croisant la baïonnette. — « Rédacteur

(1) **Pharmacie Anglaise au n° 14.**

du *Rappel* » dis-je. — « Oh! Bon! passez, citoyen. »

Je pénètre jusqu'à l'Etat-Major de la Place. On y est ahuri. Personne ne peut me dire comment le feu s'est ouvert. « On s'attendait » me dit-on « à cette manifestation depuis hier. L'ordre était donné d'empêcher l'envahissement de la place Vendôme. Les gardes étaient sur deux lignes. » C'est tout ce que j'en tire. Je sors, j'examine la place; il y deux pièces en batterie de chaque côté, et de petites barricades élevées de deux pieds.

Je reviens vers la rue de la Paix. Le cadavre de l'homme au poignard est encore là. Les curieux se sont amassés autour des gardes qui parlent avec beaucoup d'animation. Un capitaine disait que ses hommes avaient tiré sans ordre, qu'il avait eu beau leur commander de cesser le feu, il n'avait pu les retenir devant les provocations dont ils étaient l'objet. Il disait : « Ils étaient déjà venus hier, quel besoin avaient-ils de revenir aujourd'hui ? »

J'ai consigné une partie de ces faits dans le *Rappel* ainsi que d'autres qu'on trouvera en leur lieu. Je dis ceci afin que ceux qui ont lu le *Rappel* à cette époque sachent qu'en l'ouvrant je ne pille que moi-même.

XIV

Je fis avec mes amis plusieurs excursions dans les environs de Paris. Je visitai le champ de bataille de Montretout. Nous allâmes jusqu'auprès de Versailles. Nous ne rencontrâmes ni un soldat, ni un gendarme. Quelques lambeaux de cadavres mal recouverts de terre, se voyaient seulement aux endroits où on avait enterré. « C'est ceux » me dit un ami « qu'on a fait tuer pour la frime. »

Mais je dois passer sur nombre de petits événements; j'ai déjà peur d'en rapporter qui ne soient pas si intéressants pour les autres que pour moi; puis, il y a des paroles... qu'on publie seulement quand on est mort.

XV

Les élections communales se firent dans le plus grand ordre. Tout Paris y prit part.

Elles furent couronnées par une des plus magnifiques cérémonies qu'il m'ait été donné de voir, la proclamation de la Commune sur la place de l'Hôtel-de-Ville.

A deux heures de l'après-midi, les tambours et les clairons sonnent de tous les côtés, et de la rue de Rivoli, de la rue du Temple, des quais, du pont, les bataillons débouchent, joyeux, alertes. La garde-nationale se masse et bientôt emplit l'antique place de Grève.

La foule accourt. Immense, elle se tasse sur les trottoirs, sur les parapets, sur les voitures. L'avenue Victoria présente le spectacle le plus pittoresque du mélange de l'élément civil à l'élément militaire. Des têtes à toutes les fenêtres, des mouchoirs qui s'agitent. Et sur les barricades, estrades du moment, un monde.

Une large draperie rouge masque l'image équestre du seul roi dont le peuple ait gardé la mémoire. Sur cette draperie se détache, centre d'une panoplie de drapeaux de pourpre, le buste de la République.

Sous ce buste, on avait dressé une vaste tribune qui communiquait avec l'Hôtel-de-Ville. Au milieu de la tribune une table, des écritoires, du papier, le verre d'eau règlementaire.

Quatre heures sonnent. Les membres du Comité-central paraissent sur la tribune. Presque tous sont en habit noir et en cravate blanche, les autres ont la vareuse du garde-national. Ils portent l'écharpe rouge en sautoir.

Le président arrive près de la table et agite une sonnette.

Aussitôt, les canons placés sur le quai de Gesvres tonnent, ébranlant l'air, cassant les vitres, et continuent à tonner tant que dure la cérémonie. Les fanfares des bataillons jouent le *Chant du départ* et la *Marseillaise*. Un cri formidable de « Vive la République ! » s'élève.

Les drapeaux rouges, les fanions de couleurs diverses sont venus se grouper autour de la tribune et flottent au vent. Le soleil fait reluire vingt mille baïonnettes. Les gardes-nationaux agitent leur képi, brandissent leur fusil. L'enthousiasme est général.

Silence. Un membre du comité lit le résultat des élections. Deux discours sont prononcés.

La Commune est proclamée.

Les tambours battent aux champs. Un grand cri de « Vive la Commune ! » sort de toutes les poitrines. Et les bataillons défilent devant l'estrade, pleins de confiance dans un mouvement qui commence d'une façon si belle.

XVI

On raconte que les zouaves-pontificaux et

les gendarmes (deux haines du peuple : le clérical, le sergent-de-ville, toute la Commune est là) ont attaqué les gardes-nationaux au rond-point de Courbevoie. C'est le 2 avril. Je vais voir. Je rencontre des gardes qui ont été attaqués au cri de Vive le roi ! disent-ils. Au pont de Neuilly, il y a une petite barricade qui a juste la hauteur des parapets. Quelques gardes blottis là, derrière, tirent sur des ennemis... dont je n'aperçois que la fumée lointaine.

A la Porte-Maillot, une seule pièce de 7 tire sur le rond-point. Je reviens. On emporte un enfant tué par une balle. Une femme a été tuée aussi, me dit-on, derrière un volet de l'avenue de Neuilly.

XVII

Le 4, à onze heures du soir, je vais avec Lemay place de l'Hôtel-de-Ville. On attelle les canons. De forts percherons sont amenés. Les gardes-nationaux vont et viennent. On crie. On vérifie le contenu des caissons. Lemay grimpe sur un cheval et part avec les canons faire son métier de reporter du *Rappel* de son côté. Moi je rentre.

XVIII

A midi et demi, le 5 avril, Lemay et moi nous sommes à Issy et aux Moulineaux. Avant que de sortir de Paris, nous rencontrons de nombreux bataillons qui se disposent à aller contenter leur soif de combats. Celui de Vaugirard se rassemble sur la place du Commerce, autour d'un arbre de la liberté tout enguirlandé.

Nous passons la porte de l'enceinte.

La canonnade se fait entendre. Des forts de Vanves et d'Issy s'élèvent des colonnes de fumée. Sur le plateau de Châtillon les canons versaillais ripostent aux canons parisiens.

En ce moment Meudon est muet.

Nous nous avançons dans les rues d'Issy. Elles sont remplies de gardes-nationaux en si grand nombre qu'on peut à peine se mouvoir. Les nombreuses voitures d'ambulance qui vont chercher les blessés ou les ramènent ont la plus grande difficulté à s'ouvrir passage.

Nous arrivons devant l'église. Le bruit des coups de feu devient intense. Un obus qui a passé par-dessus le fort déchire le toit de la maison n° 20 de la rue qui fait face à l'église, et s'enfonce dans le mur voisin sans éclater. Nous entrons dans un cabaret qui fait le coin pour manger un morceau. Nous sortons. La rue est peu sûre, les balles y sifflent, ou plutôt y font ce bruit des balles du chassepot qui est assez semblable à un rapide bourdonnement d'abeille. Nous descendons jusqu'enface du château d'Issy qui servait de réserve pour les approvisionnements de l'armée.

Après avoir longé le mur du parc du château, le long de la route des Moulineaux, nous croyons pouvoir traverser le parc et nous nous mettons à grimper du côté du fort. Des balles qui nous sont envoyées à courte distance nous obligent à dégringoler.

Sur la route des Moulineaux (route 189), nous trouvons une compagnie sous les ordres d'un commandant; elle hésite à avancer.

Un garde-national nous engage à ne pas aller sur la route. — « Il y pleut des projectiles. » nous dit-il « Je vais chercher les voitures d'ambulance pour nos blessés, qui sont nombreux. Sans compter que, ce matin, le fort d'Issy a tiré maladroitement sur les Moulineaux, croyant que les sergents-de-ville l'occupaient, et que les nôtres ont tué ou blessé des femmes et des enfants. »

Nous retraversons Issy, et nous arrivons à la gauche du fort, côté de Vanves. De là, postés auprès d'une pièce de 7 qui a tonné la matinée entière, au coin du mur d'un jardin, nous découvrons la double ligne de nos tirailleurs sur le chemin-de-fer et sur la tranchée où a eu lieu ce matin le combat. La fusillade est très-nourrie de notre côté, les balles versaillaises ne sifflent que de temps-en-temps à nos oreilles.

La canonnade est faible. Nous prenons des renseignements sur l'artillerie des forts : il ne s'y trouve que des pièces de 7 et des pièces de 12 de campagne. Il n'y a pas encore, contrairement à ce que certains journaux ont avancé, une seule pièce de siège aux mains des Parisiens : toutes auraient été livrées aux Prussiens, mais qu'importe ! au dire de tous les artilleurs, les pièces de 7 de la garde-nationale sont admirables comme précision, solidité et portée. Honneur à Dorian !

Vers cinq heures, la canonnade devient vive. Châtillon et Meudon s'en mêlent.

Nous quittons notre poste d'observation.

Les gardes-nationaux et les Enfants-perdus ont une consigne sévère, et nous ne devons qu'à notre titre de rédacteur du *Rappel* de pouvoir traverser les grand'gardes du fort. On ne franchit pas la porte d'Issy sans laissez-passer, et ce n'est qu'après de longs pourparlers que nous pouvons rentrer dans Vanves. Il est six heures, et la canonnade continue.

XIX

6 avril. — Les remparts en face de Châtillon et les monticules de terre qui sont derrière présentent un aspect animé. Les curieux y sont en foule. On se presse. On monte sur tout ce qui peut exhausser. Les gamins grimpent sur les sémaphores.

De là on aperçoit le combat, on entend le canon, la fusillade, et on voit les blanches colonnes de fumée qui s'élèvent de Châtillon, de Meudon, de Breteuil, des forts de Vanves et d'Issy. Ceux des spectateurs qui ont des lorgnettes sont très-entourés ; ils sont populaires quand ils les prêtent.

Les portes de Vanves et d'Issy sont redevenues ce qu'elles étaient durant le siège, les jours de sortie. Femmes et enfants sont là qui attendent anxieusement le retour du père, du mari. La consigne est sévère, on ne laisse rentrer personne. Les gardes-nationaux viennent jusqu'au pont-levis, et ils font passer de petits billets que les hommes du poste transmettent.

Les hommes du poste crient : — « M. untel. — Mme une-telle. » Une personne fend la foule et saisit le billet : « Il n'est pas mort ! » La figure triste devient joyeuse, et cette joie communique l'espérance à ceux qui en sont témoins.

Je rentre dans Paris avec les bataillons qui, depuis dimanche, faisaient le pénible service des avant-postes et des tranchées. La fatigue et la mort n'ont pas diminué leur entrain, et ils ne demandent qu'à retourner au péril. Quels hommes ! Et pourquoi n'est-ce pas contre des Prussiens qu'on a utilisé de tels courages !

Un garde-national dit à un camarade :

— « Contre les lignards, ça m'aurait fait de la peine, mais les soldats du pape, c'est pain bénit. »

XX

Je passe nombre de faits qu'on trouvera dans la collection du *Rappel* du temps. Je ne démêle plus exactement ce que j'ai écrit de ce que Lemay a écrit, et, ensuite, le reportage quotidien ne me paraît pas absolument digne d'une réimpression. Je note donc un fait ici et là, en passant.

7 avril. — On a retrouvé des pièces de siège. Il y en a sur les bastions.

Du haut du balcon du dernier étage de la maison qui fait le coin de l'avenue de la Grande-Armée, à la Porte-Maillot, je regarde avec Lemay le curieux spectacle des obus et des boîtes à mitraille qui éclatent de tous côtés. Hommes, femmes, ouvriers, bourgeois prennent des brouettes, apportent des gabions, des pavés, des planches, des rails. On met la porte en état de défense.

8 avril. — Une des pièces de 7 de la Porte-Maillot, isolée au coin du restaurant Gillet, est desservie par un seul et unique marin qui écouvillonne, charge, pointe, fait tout enfin, et qui, aussitôt le coup parti, se précipite au milieu de l'avenue, et bat des mains s'il a atteint le point visé.

9 avril. — Que d'obus je vois éclater contre l'Arc-de-Triomphe, hélas!

11 avril. — On a retrouvé des canons un peu partout. Maintenant les remparts en sont suffisamment garnis.

12 avril. — Une canonnade formidable éclate avec la nuit. Je vais voir de près les tirailleurs qui descendent de Châtillon vers Issy et remontent. Simples démonstrations qui recommencent chaque soir. Les nôtres n'épargnent pas les cartouches!

14 avril. — Il y a des hommes qui sont

dans Neuilly et qui se battent depuis treize jours sans discontinuer.

XXI

J'avais connu, je l'ai dit plus haut, La Cécilia. Je le rencontrai, allant un jour faire mon métier de reporter, colonel d'État-Major du général Eudes, au Grand-Montrouge.

Il m'offrit un soir à dîner chez le pâtissier-traiteur qui se trouve dans la grande-rue de Montrouge et qui a bonne réputation. Nous nous assîmes, Lemay, un nommé Franck, La Cécilia et moi, autour d'une table, dans un petit cabinet où nous pouvions parler librement. La Cécilia nous dit qu'il allait probablement être nommé général et commandant de la Place de Paris. Nous étions au 17 ou 18 avril, s'il me souvient bien.

— Alors, lui dis-je, j'entre avec vous à la Place.

— Je vous fais mon officier-d'ordonnance, me dit La Cécilia.

— Est-ce convenu?

— Sérieusement.

J'étais très-sérieux, moi, et le mobile qui me faisait agir cependant ne l'était guère ; c'était, comme pour beaucoup d'actions de ma vie, l'amour-propre, le plus puissant des dieux qui gouvernent les hommes et le plus redoutable des amours. Voici sur quoi il était assis : Quelques-uns de mes amis me reprochaient d'avoir quitté Paris ; ils me traitaient de franc-fileur, ce qui était vrai sans l'être, en ce sens que j'étais effectivement parti, mais non pour fuir le danger, assurément, ainsi qu'on l'a pu voir plus haut ; or, je tenais à leur montrer que ce n'était pas par lâcheté que j'avais agi, en allant maintenant au feu tout comme un autre. Je m'exposais déjà suffisamment pour procurer au *Rappel* des nouvelles véritables, et mon pauvre ami, Lemay qui « faisait » Asnières et Neuilly, tandis que je « faisais » les forts depuis Montrouge jusqu'au Point-du-Jour, s'exposait encore plus que moi; mais quand on n'a pas un habit militaire on ne peut jamais croire qu'on agit en soldat.

Voilà quel fut le mobile principal de mon entrée dans la Commune, et ce fut pour qu'on ne m'accusât pas de déserter au moment du danger que j'y demeurai, tandis que je me rendais compte de l'imbécillité de ceux qui dirigeaient le mouvement. J'avoue en toute franchise que je fus déterminé par d'autres motifs encore, tels que l'impatience de ne point prendre part à une action qui se déroulait sous mes yeux et surtout de ne pas contribuer à faire du mal aux cléricaux, que je détestais autant que le faisaient les plus enragés communards, puisque, au fond de toutes ces guerres et de ces répressions-là, c'est toujours le curé qu'on trouve, et que le prêtre et moi... connu!

XXII

Le lendemain, comme je repassais dans le Grand-Montrouge, La Cécilia me mena à l'Etat-major du général Eudes qui était établi dans une grande maison située au milieu d'une cour, une école des sœurs, je crois, la maison des « Dames de l'Intérieur de Marie ».

Dans une immense salle du premier, ces messieurs dînaient.

Je fus bien étonné.

Au bout de la longue table était le général Eudes, son képi sur l'oreille, riant, plaisantant, une vraie tournure d'étudiant bohême du Quartier-Latin.

Le repas me parut copieusement servi, mais ni recherché ni bon ; il y avait beaucoup de bouteilles à terre, mais elles me paraissaient n'avoir contenu que du vin à seize. L'État-Major était gai, les officiers des bataillons qu'on avait invités étaient gais aussi.

Aucun ne paraissait croire au danger. Moi, je n'y songeais pas plus qu'eux. Ils caressaient les cantinières qui les servaient. Le général Eudes faisait des mots. Personne cependant n'était ivre. Mais ces officiers ne paraissaient pas corrects du tout, oh! pas du tout! On m'a dit qu'ils ne différaient pas des officiers réguliers et que les choses se passent toujours un peu ainsi en campagne.

XXIII

Je viens de parler de la confiance que chacun avait en la Commune en ne paraissant pas croire au danger. Cette foi, assurément, n'était pas chez tout le monde, mais le plus grand nombre croyait encore à cette époque qu'on pouvait réussir, et beaucoup peut-être le crurent jusqu'à la fin.

Je me souviens que le garçon qui me servait à l'Ecole-militaire me disait : — « Vous, vous irez loin; les autres, ce n'est pas grand'-

chose, mais vous, vous serez maréchal de France ! » Et après les événements, à ma sortie de prison, un camarade de guerre me disait encore : — « Oh ! vous, si la Commune eût réussi, vous eussiez été parmi les généraux. » — « Pardon, » lui répondis-je « si la Commune eut réussi, j'aurais donné ma démission. »

Je note ceci en passant, pour bien marquer que l'on pouvait croire à la réussite du mouvement, ce qui explique naturellement l'attitude d'un nombre considérable de personnes.

XXIV

17 avril. — Tous les soirs, je m'en vais voir les tirailleurs versaillais qui descendent vers le fort de Vanves et le fort d'Issy, droit de la butte de Châtillon.

Les feux s'abaissent petit-à-petit jusqu'à trois cents mètres environ des forts, et ils remontent comme ils sont venus. Je présume que c'est une manœuvre qui a pour but de masquer une si habile stratégie qu'on ne la découvrira jamais, car les nôtres sont et seront toujours sur leurs gardes.

Je vais voir l'Arc-de-Triomphe. On met la Grande-armée en un bel état! Et les maisons conservatrices des Champs-Elysées donc!

18 avril. — On a établi une batterie fort mal organisée au Trocadéro. Cette batterie doit tirer sur le Mont-Valérien. Elle n'a pas l'air de lui faire mal.

Le canon gronde toujours.

19 avril. — Ce sont les habitants de Neuilly qui ont de la chance! aujourd'hui ils ont comme une trêve. Les autres jours, les obus du Trocadéro et de Montmartre tombent sur eux tout comme ceux du Mont-Valérien.

20 avril. — Je copie dans le *Rappel* :

Le service des munitions, des vivres, et généralement toutes les corvées qui dépendent des équipages du train, au fort d'Issy, est fait, depuis le commencement de la guerre, par les dix mêmes artilleurs.

23 avril. — J'apprends, en passant à Montrouge que le général Eudes est allé s'installer à la Légion-d'Honneur.

24 avril. — Je vois, place Vendôme, La Cécilia, promu général et commandant de la Place de Paris.

XXV

A partir de ce jour-là, je devins un communard, ou un communeux, comme on voudra.

— He bien! Monteil, me dit La Cécilia, il faut que je possède un officier-d'ordonnance qui soit mon secrétaire, est-ce vous?

— Oui, dis-je, si vraiment il y a quelque chose à faire.

Et me voilà installé dans une petite pièce attenante au salon du premier étage (1), écrivant sur une petite table..... ma commission

(1) Place Vendôme, n° 22.

de lieutenant d'État-Major que La Cécilia signa.

C'est le moment de faire le portrait de La Cécilia.

Au physique, c'était un homme de petite taille, maigre, au marcher rapide, nerveux. Son visage était vieux, marqué de la petite vérole, la lèvre fine et serrée, point de barbe pour ainsi dire, quelques poils pour moustache, très-myope, portant des lunettes avec des verres épais.

Voici les notices biographiques que je publiai, sur ses propres indications, dans le *Rappel* :

Numéro du 24 avril. — « Le colonel La Cécilia est nommé commandant de la Place avec le grade de général.

» Le citoyen La Cécilia est né à Tours. Pour ne pas servir l'Empire, il s'engagea dans l'armée italienne, et fit la campagne de 1859-1860. Il fut blessé deux fois et devint capitaine du génie. Après la guerre, il rentra en France.

» Quand éclata la guerre avec la Prusse, La Cécilia fit taire ses sentiments politiques pour ne songer qu'à la France, et il partit lieutenant dans les francs-tireurs de Paris. C'est dans ce corps qu'il parvint au grade de colonel, après s'être distingué aux affaires d'Ablis, de Châteaudun, de Varize, et avoir dirigé la brillante défense d'Alençon.

» Après le 18 mars, il est entré au service de la Commune de Paris comme colonel chef d'État-Major du général Eudes. Aujourd'hui il occupe le premier poste militaire de la ville de Paris.

» La Cécilia a trente-six ans, ce n'est pas seulement un soldat, c'est un érudit. Il a longtemps étudié en Allemagne, il sait vingt-six langues orientales et européennes et passe pour un mathématicien extrêmement distingué. »

Mathématicien, savant, il l'était, général, c'est une autre affaire.

Numéro du 29 avril. — « Les journaux de

Versailles continuent à dire que le général La Cécilia est étranger.

» Le fait est complètement faux.

» Le citoyen La Cécilia, né à Tours de parents français, en 1835, a tiré au sort à Paris en 1855. Il a eu le numéro 418. »

Avant la guerre, La Cécilia s'était marié à une femme professant la manie d'écrire (1) qui avait accouché pendant qu'il combattait en province. J'ai beaucoup attribué à cette femme les changements que je crus observer dans La Cécilia qui, de bref et vigoureux que je l'avais connu, me sembla indécis et mou ; mais j'attribue la plus grande part de ce changement à la paternité. La Cécilia avait été malheureux, il m'avait marqué plusieurs fois, alors que tous les deux nous collaborions au *Rappel*, la tristesse de l'isolement où il se trouvait. Il eut une femme, de plus il eut un enfant, et il me parut qu'il raccrochait toute son existence à ce petit être alors au maillot.

(1) A aujourd'hui une place de la ville de Paris.

Je m'aperçus vite de ceci, que le La Cécilia de la Commune n'était pas le La Cécilia du *Rappel*. Il jouait au général pour de bon, et comme je n'avais pas encore respiré l'air ambiant, je m'en étonnais. Mais ce qui me surpassait davantage, c'était de pénétrer dans les bureaux de l'État-Major de la Place qui se trouvaient sur la cour. La Cécilia avait gardé pour chef d'État-Major le colonel Henry, qu'il ne faut pas confondre avec deux autres Henri qui prirent part à la Commune; dans les bureaux il y avait un certain nombre d'officiers. La première impression que je reçus, ce fut que ça n'avait pas même l'air « d'être arrivé » : on eût dit que cette terrible guerre était un jeu ou une gaminerie.

Je mangeai une seule fois à la table de l'État-Major, place Vendôme. Elle me parut copieusement servie. Le premier ordre que je transmis étant à la place Vendôme, avait pour but de former une commission ayant pour objet de porter une communication du Délégué des Affaires-extérieures, Paschal Grousset, au général commandant les troupes prussiennes.

— Il faut choisir quelqu'un de chic, me dit La Cécilia.

Et on envoya le colonel Rohart, avec une suite de deux ou trois officiers d'État-Major et de quelques cavaliers. Rohart avait le visage assez martial. Il s'était réfugié en Belgique et est rentré en France.

La Cécilia avait pris pour seconde ordonnance un autre reporter du *Rappel*, pauvre et brave garçon qui est mort depuis en Nouvelle-Calédonie. Il se nommait Grandier. Il était fort dévoué à La Cécilia. Il avait le mépris du danger, et je l'ai vu, un jour, à la Porte-Maillot, demeurer, quoique ce fût inutilement, au milieu d'une pluie d'obus et de mitraille, sans qu'il s'en inquiétât le moins du monde.

A nous deux, nous fûmes d'abord seuls auprès du général La Cécilia.

XXVI

Le nouveau métier que j'exerçais, celui d'officier, m'était assez commode. J'allais manger à mon petit restaurant du Quartier-Latin, je venais à la Place trois ou quatre heures par jour, et je m'en retournais me coucher chez moi après avoir donné un peu de copie au *Rappel*. Mon ami Lemay et moi nous échangions le soir nos impressions et nous étions si bien faits à la situation Versailles et Commune que nous parlions comme si la fin n'en dût pas venir. Au *Rappel*, il ne se trouva aucun de mes confrères pour me parler contre mon « officiat ». On me blagua amicalement et on ne m'appela plus que lieutenant.

Mais il ne convenait pas à La Cécilia que je gardasse mes vêtements bourgeois ; il me représenta, avec justesse, que je ne pouvais pas être un guerrier platonique. Il existait d'ailleurs une grande méfiance de la part des gardes-nationaux pour tous ceux qui, mêlés à l'affaire, restaient en civil : ils y voyaient la peur de se compromettre et l'espoir de s'échapper à l'occasion. D'abord j'avais résolu de rester en péquin par esprit démocratique, mais je ne me fis guère prier pour endosser l'uniforme d'officier, et dès que je l'eus, je fus flatté de l'avoir. Le sabre seul qui me battait les mollets souvent m'incommoda. Tout le reste me convint à merveille, et je me serais pavané, si j'en avais eu le temps.

Me voilà donc armé d'un « bon ». Je m'en allai chez Godillot, car c'était chez Godillot qu'on s'habillait. Je fus très-poliment reçu par les employés de la maison, et j'avoue, aujourd'hui, quand j'y songe, que véritablement ils auraient pu être plus rébarbatifs. Ce que je vis là d'officiers munis de « bons » qui venaient se faire habiller, de petits jeunes gens sortis des magasins de nouveautés qui essayaient, avec des observations de petit-crevé, l'uniforme d'État-Major que j'allais porter !... Toute cette bande qui s'abattait sur le vêtement « à l'œil » m'écœura. J'étais encore vierge de ces contacts, de ces rapacités qui me firent comprendre l'esprit et les façons d'agir des troupes en campagne. J'eusse dû être préservé par mes seules réflexions, et j'en arrivai à faire comme les autres, à considérer comme mon bien, par exemple, les armes que je trouvais belles et qu'on apportait des arsenaux. Si donc, à cet âge que j'avais, j'étais allé refaire une campagne de Chine, j'aurais mis à sac le palais d'Été comme un simple Palikao; je dis à cet âge-là parce que, à-présent, j'ai la pleine possession de moi-même et que je ne fais que ce que je veux. Mais je comprends comment vient l'esprit de rapine.

Je ne me trouvai cependant pas habillé en soldat à la Place-Vendôme. La Place fut transportée presque aussitôt après mon entrée dans l'État-Major, à l'Ecole-militaire.

La Cécilia occupa un logement dans le quartier de cavalerie. On me prépara un logement dans le pavillon central, mais je n'y couchai pas. J'aimais mieux ma chambre et mon lit de la rue de Seine, et lorsqu'il m'arriva de coucher hors de chez moi, c'est que je couchai sur un matelas, dans le bureau, mais vers la fin de l'affaire.

Je fus bientôt équipé et gardai tant que dura la Commune mes premiers galons de lieutenant sans vouloir en aucune façon les augmenter, bien qu'il ne tînt qu'à moi; et bien fis-je.

XXVII

Une fois lieutenant d'État-Major pour de bon, je saute à cheval (j'ai toujours adoré le cheval), et j'accompagne La Cécilia dans ses tournées d'inspection. Pendant trois jours nous nous installons à Malakoff, dans une petite maison basse au milieu d'un jardin où les obus vinrent nous déranger. Les lilas étaient en fleurs ! Nous dînions sous les lilas, gaiement quoique de peu de chose, tandis que les gens mouraient et que les obus grouillaient autour de nous. Quand je me rappelle cela, je me dis que dans la vie on a tout de même de singuliers moments !

Ce fut à Malakoff que je vis pour la première fois Lisbonne. Lisbonne était un ancien acteur qui cultivait les cantinières. Il portait une tunique de zouave, un pantalon large dans des bottes molles, une écharpe rouge, et un chapeau noir avec une plume rouge à la Fra-Diavolo. Je ne l'appelais que le « Murat de la Commune ». Il se faisait suivre partout par un turco qui fut plus tard tué à ses côtés. C'était un des hommes les plus braves qui se pussent rencontrer. Je l'ai vu, au fort d'Issy qui n'était plus qu'un amas de terres bouleversées, s'exposer au feu avec le mépris du danger ou plutôt l'insouciance complète du danger. Il faisait beaucoup de bruit, mais il faisait aussi sa besogne.

Nous couchions là, pêle-mêle, sur le plancher de la maisonnette, enveloppés dans nos manteaux, gênés par nos éperons. Les troupes se battaient à merveille, il y en avait qui, vingt jours de suite, gardaient des tranchées ou des barricades, mais je n'ai jamais su à quoi il servait qu'il y eût derrière ces troupes un ou plusieurs généraux.

XXVIII

La Cécilia cependant était superlativement général. Alors que je le traitais en camarade, il me traitait en subalterne : cela m'apprit ce que c'était que l'esprit hiérarchique et comment il naissait et grandissait; mais j'ai toujours été rétif à cet esprit-là, ce qui m'eût fait rompre vitement avec La Cécilia, sans pour cela que je cessasse de l'estimer, si un accident ne m'était survenu.

Nous étions un jour à la porte de Vanves, je ne sais plus ce que La Cécilia me commanda et ce qui fit que je voulus passer par chez moi. J'avais un cheval de sang, une bête superbe, des écuries de l'Empereur, je le lançai au grand trot sans faire attention aux endroits où les petits pavés de porphyre qu'on emploie depuis un certain nombre d'années s'étaient glacés par l'usage et étaient devenus dangereux. J'arrive au carrefour Buci, un homme est devant mon cheval, il n'entend pas mes cris, je veux arrêter trop brusquement mon noble coursier qui glisse des quatre pieds, et me voilà sous lui, la botte tordue et mon éperon enfoncé dans son flanc. Je crie aux badauds qui me regardent de m'aider à me relever. Il n'y mettaient pas d'empressement et j'eus dans ce moment-là l'impression que l'uniforme de la Commune ne plaisait pas à tous les Parisiens. Je croyais avoir ma jambe cassée. Il n'en était rien, mais j'avais le pied foulé. On me porte chez le pharmacien, rue Dauphine 6, il me panse d'assez mauvaise grâce et me demande des sauf-conduits. Je lui dis de venir les chercher à l'École-militaire ; mais je ne le revis plus. Je rentre chez moi, puis à l'Ecole-militaire où le docteur Courtillier, médecin-en-chef de la garde-nationale, me fait un nouveau pansement. Je dis alors au colonel Henry qui était toujours chef d'Etat-Major de la Place :

— Je reste avec vous.

XXIX

A partir de ce moment, mes souvenirs deviennent beaucoup plus précis parce que, au lieu de m'ennuyer de jouer au soldat et de ne rien faire, je fis quelque chose.

En arrivant à l'Ecole-militaire, j'avais organisé mon bureau dans un salon tendu de damas rouge. Ce salon se trouvait dans le corps central du bâtiment. Quand on quittait le palier du grand escalier, on voyait une première pièce, puis ce salon d'un côté, puis d'autres pièces dont on ne se servait pas, sauf une chambre donnant sur la cour; de l'autre côté, il y avait le grand salon d'honneur, celui qui est orné de peintures de batailles, dans lequel personne de nous n'entra jamais, puis la salle-à-manger, où nous dînions.

Dans la première pièce, avant d'entrer dans le salon rouge dont l'autre entrée était dans un couloir obscur, se trouvaient les bureaux de la Place. Il y avait là le colonel Henry, le commandant Gandin et le commandant Servat, ainsi qu'un certain nombre d'officiers d'Etat-Major. C'était là que les majors venaient au rapport.

Le colonel Henry était né à Versailles. Son nom était Henry Prodhomme. Il avait été élevé en Belgique et était ingénieur de l'Ecole de Liège. C'était un homme petit, tout rond, suffisamment jovial qui me parut avoir pris son rôle à cœur. Son père, sa mère, sa sœur, sa tante venaient assez souvent le visiter. J'ai lu sur son compte bien des accusations. On a dit qu'il négociait avec Versailles, qu'on pouvait l'acheter et d'autres choses encore. Je suis resté presque un mois avec lui, ne le quittant guère, entendant tout ce qu'il disait excepté quand il était en famille, et je déclare n'avoir jamais rien surpris qui puisse justifier le moindre soupçon. Au reste, son frère avait été tué à la première sortie de la Commune par les décharges du Mont-Valérien, et, depuis, je l'ai vu souvent, et rien n'a confirmé ce qu'on disait de lui.

Sous ses ordres directs étaient Servat et Gandin. Servat avait servi au Mexique; il était assez exempt de préjugés; c'était un homme de taille moyenne, maigre, qui devait être assez fin. Gandin était un brun, bel homme, ne manquait pas non plus de finesse, avait de bonnes manières et des capacités.

Nous mangions, je l'ai dit, à l'Ecole-Militaire, et certes nos dîners étaient spartiates. Nous ne mangeâmes guère, en dehors du poisson, que de la viande de conserve, des conserves restées du siège, hélas ! qu'on arrangeait tantôt en miroton, tantôt avec une sauce aux tomates ; le vin était fort ordinaire, et la nourriture se trouvait si peu substantielle que j'allais le plus souvent possible dîner en ville. Cela dura ainsi. Je ne sais pas si, ailleurs, on se livra à des orgies comme on l'a dit, mais quant à cette table-là, oncques n'en vit de plus frugale. Une seule fois, je ne sais plus en l'honneur de qui, on y but du champagne qu'on envoya chercher au café voisin, et encore n'en but-on que quatre bouteilles, et nous étions nombreux, et le champagne tenait fort de la limonade.

Quand le général La Cécilia était là, il y avait lui, d'abord, et quelquefois la générale. Ils allaient fièrement s'asseoir au haut bout, et, au besoin, dérangeaient tout un chacun pour s'y asseoir. Gandin avait aussi son fils et sa femme, une algérienne qui ne manquait ni de charme ni de distinction, une brune ; cela faisait deux femmes. Il y avait ensuite

Henry, puis le général Guyet, commandant l'artillerie. Il y avait ensuite des commandants, Servat, Gandin, Massenet de Marencourt, Bocher, Suire, Rohart, d'autres dont les noms m'échappent, et les officiers, et les membres du Comité-central ou de la Commune qui étaient de passage.

Massenet de Marencourt, frère du musicien Massenet, assez bel homme, fort connu sur le boulevard, portait, par esprit démocratique, des galons de laine rouge sur son uniforme : c'est, à mon su, la seule chose par laquelle il se soit distingué sous la Commune (1).

Aussi il ne prenait aucune part aux discussions sur la préséance, quand il en survenait, et il en survenait quelquefois ; la Cécilia tenait beaucoup à figurer au haut bout et Courtillier, pour le vexer, répétait qu'il « se battait l'œil » de son grade de général avec

(1) Est allé dans l'Amérique du Sud garder et élever des moutons.

lequel il aurait pu, lui aussi, s'asseoir au haut bout ; les membres du Comité-central et de la Commune qui étaient gradés, tenaient aussi à la place d'honneur et déplaçaient La Cécilia, ce dont celui-ci était vexé autant que sa femme. On est démocrate, sans doute, mais on est militaire avant tout.

Peut-être n'en arrivait-il pas autant à la table du colonel Razoua, qu'il ne faut pas confondre avec la nôtre. Razoua, ancien rédacteur du *Réveil*, était colonel commandant l'Ecole-militaire. Je le voyais se promener constamment dans des dolmans tous plus beaux les uns que les autres. On venait nous raconter que sa table était chargée de vins généreux et entourée de cocottes, mais je ne suis jamais allé voir. Une fois seulement, comme on chantait trop fort chez lui, j'envoyai un officier le rappeler à la décence.

XXX

Au moment où je quittai La Cécilia pour

demeurer à la Place de Paris, le général venait de s'attacher, en qualité d'officier-d'ordonnance, un nommé Franck, qui affectait des allures de petit-crevé et avec lequel, on se le rappellera, j'avais dîné à Montrouge ; je n'ai jamais pensé du bien de cet homme-là ; il ne porta, au surplus, que trois jours l'uniforme et en eut assez. La Cécilia prit aussi un nommé Hofmann qu'il me présenta comme un médecin allemand. Cet Hofmann parlait peu le français et, je crois, ne savait guère de médecine. Il était venu des lignes prussiennes « pour voir ». Je n'en sais pas plus long. Du reste, il paraissait instruit et pas méchant. Qu'était-il ? Qu'est-il en Prusse ?

On trouvait dans la plupart des individus qui étaient là de singuliers enseignements. On avait beau s'en vouloir garder, cela sentait le chevalier d'industrie. Il y avait parmi ces gens-là des agents de Versailles, ainsi qu'on le verra tout-à-l'heure ; mais ceux qui véritablement prenaient part à la Commune avaient pour but, soit de s'emparer d'un péculat quelconque, soit de se tailler une position dans le mouvement. Je ne me plains pas, pour ma part, du manque de franchise des personnes, mais j'observai qu'elle n'était guère grande avec tous. On se tenait, comme plus tard en prison, en suspicion légitime ou illégitime, et j'en ai connu qui jouèrent au plus fin, même avec moi, qui, cependant, y allais de bon cœur.

Me voilà donc à l'État-Major, et avec mon génie accapareur et organisateur, je commence à me nerver de n'exercer aucune action. Cependant, je patiente et j'observe.

Je me suis installé à une petite table dans la première pièce, et je voyage entre cette table et mon bureau du salon rouge.

J'avais depuis longtemps la libre disposition du sceau de la Place. J'avais donné des laissez-passer à tous mes amis et quelques-uns m'en avaient demandé des quantités en blanc. On venait aussi m'en réclamer du dehors. Je me souviens qu'une fois je reçus la visite d'une dame à l'extérieur distingué. — « Monsieur, » me dit-elle « j'ai mon fils dans l'armée de Versailles, j'ai mon autre fils qui est pris par la Commune, vont-ils se battre l'un contre l'autre? Je vous en supplie, donnez-moi une exemption de service pour mon second fils. »

Je donnai à cette dame ce qu'elle demandait et j'espère qu'elle en fut heureuse. Je n'ai pas gardé le souvenir du nom que j'écrivis, mais j'ai toujours pensé qu'elle m'en fut reconnaissante et j'ai fait remonter jusqu'à elle une parole que m'adressa un vieux militaire, lors de mon arrivée à l'Orangerie.

Je considérais donc ce qui se passait, et faisais cependant office d'officier d'État-Major.

L'État-Major de la Place se composait d'environ trente-cinq officiers. Il y avait parmi eux quelques anciens militaires, mais la plupart étaient des employés de magasin; l'un d'eux était un ancien artiste dramatique, et un autre, qui a dirigé depuis une usine en Belgique, était élève des Arts-et-Métiers (1). Il arriva souvent que leurs missions furent périlleuses. Porter un ordre à Neuilly, inspecter, comme je le fis plusieurs fois avec eux, la périmétrie des fortifications, n'était pas sans péril ; cependant, aucun de nos officiers ne faillit au devoir. Ils l'accomplirent tous, bravement, jusqu'au bout. L'entrée des Versaillais seule marqua la débandade. Je sais qu'on s'est beaucoup moqué des officiers d'État-Major, parce qu'il y en avait qui portaient des revers rouges et passaient leur journée au café, mais ce ne furent pas les nôtres, car ceux-ci, tout le temps, se trouvèrent sur les dents et exposés au feu. Deux seulement, deux frères, se déshonorèrent ; ils étaient chargés de la paie de l'État-Major, et ils disparurent un beau matin avec les quinze mille francs qu'ils avaient en caisse. Le mal qu'ils firent fut dur à réparer, car les

(1) Valette, rentré en France.

pauvres diables d'officiers avaient besoin d'argent. Ils s'étaient déjà adressés à moi, c'est à moi encore qu'ils s'adressèrent et je les fis payer. En ce qui me concerne, je ne touchai qu'une fois ma solde et toujours celle de lieutenant. Je n'en avais que faire en ce moment puisque je gagnais beaucoup d'argent au *Rappel* et que je ne me suis jamais connu de besoins ; il n'y avait donc là aucun désintéressement de ma part. Cela se trouva comme ça, et voilà. On payait à la semaine.

Je disais donc que je m'étais installé à une petite table et que j'observais.

Mes observations amenèrent cette réflexion :
— En temps de révolution, on n'attend pas qu'on vous donne, on prend.

Et le lendemain, je m'emparais des sceaux, fouillais les papiers, et me mettais à faire de l'ordre là où il n'y en avait guère et à régulariser ce qui était irrégulier. J'ai dit que j'avais le génie organisateur, c'est très-vrai à condition que j'agisse avec autorité, et là, rien ne me gênait, d'autant plus que Henry et Gandin m'avaient pris en amitié et que Servat allait s'en aller pour devenir le chef d'État-Major du général Bergeret, dont le quartier-général se trouvait au Corps-législatif.

D'ailleurs la Place de Paris venait d'être supprimée, nous devenions une annexe du ministère de la Guerre, et Rossel allait avoir pour successeur Delescluze. Nous étions donc au 10 mai.

L'arrivée de Delescluze à la Guerre fut signalée par l'abandon du fort de Vanves. Déjà nous avions dû évacuer le fort d'Issy qui n'était plus qu'un amoncellement de terre bouleversée et pulvérisée par les obus. Le fort de Vanves, quoi qu'on pût le tenir encore, avait été abandonné. La nouvelle m'en arriva vers neuf heures du soir. J'en conférai avec Henry et Gandin, et, à dix heures, un aide-de-camp partait avec un ordre signé de moi, ordonnant au général Wrobleski de réoccuper immédiatement le fort.

L'aide-de-camp revint une heure après,

disant qu'il n'avait pu pénétrer jusqu'à Wrobleski et qu'il avait laissé l'ordre. En même temps, il nous dit avoir appris que les Versaillais qui occupaient déjà la grande tranchée allant du fort de Vanves au fort d'Issy, occupaient le fort de Vanves.

Je commandai aussitôt mon cheval et une escorte et partis pour Vanves. J'arrivai à une petite maison ayant une grille sur le devant et tombai au milieu d'une coterie de Polonais qui gardaient Wrobleski comme un palladium. Je les rejetai à l'entrée, je montai, je fis du bruit. On me dérobait Wrobleski. Il arriva cependant à la fin, dans une chambre du premier étage, meublée en acajou, défait comme un homme qui sort du lit.

— « Comment, général, » lui dis-je « on m'a appris que les Versaillais ont pris le fort de Vanves, vous l'avez laissé évacuer et vous ne l'avez pas encore repris? »

— « Oh! » dit-il « rien ne presse, je le reprendrai au point du jour. »

— « Au point du jour ! » m'écriai-je « mais si les Versaillais sont déjà entrés, ils seront en nombre dans quelques heures et il deviendra impossible de reprendre le fort. »

— « Oh ! si, je serai à temps. »

— « Général, » dis-je « je vous ordonne de reprendre le fort à l'instant même. »

— « Mais, lieutenant »..... fit Wrobleski.

Le ton ne donnait lieu à aucune méprise.

— « Tiens, c'est vrai, » pensai-je « je n'ai pas assez de galons. »

Je le quitte, et au galop, je vais au ministère de la Guerre, je trouve Delescluze avec Seguin, je raconte à Delescluze (que je n'avais pas revu depuis le *Réveil*) ce qui vient de se passer, je rédige un ordre qu'il me signe et je reviens à Wrobleski qui dormait encore.

Cette fois je le réveille. Il entrouve sa porte.

— « Ordre du Délégué à la Guerre, » lui dis-je en tendant le papier.

— « Dites au citoyen Delescluze, » dit-il « que je ne marcherai pas avant le jour. »

Je le quitte là-dessus et remonte à cheval. J'avais une assez forte escorte, dix cavaliers et deux officiers d'ordonnance.

— « Voulez-vous me suivre ? » dis-je.

— « Où ? »

— « Au fort. »

— « Allons-y. »

Je raccroche en passant une cinquantaine de gardes-nationaux et nous voilà en marche. Un seul endroit était dangereux pour arriver au fort, un endroit où la route découverte était balayée par les balles des Versaillais. Nous franchissons cet espace, nous sommes au fort, nous entrons. Personne. Je l'avais présumé, le fort n'avait pas été occupé.

Nous revenons. J'interpelle un officier de Wrobleski :

— « Allez dire à votre général, » dis-je « qu'il peut, quand il voudra, reprendre le fort de Vanves : il est vide. »

Le matin, vers cinq heures, Wrobleski y installait quelques fédérés.

Je n'eus plus de rapports avec ce général-là qui se tenait assez inactif et ne nous demandait pas trop de troupes.

XXXI

Aussitôt après le départ de Servat, j'occupai le poste non de sous-chef d'État-Major, mais plutôt de secrétaire-général. La Place rattachée à la Délégation de la Guerre, nous devenions chargés uniquement du mouvement des troupes. Je commençai par me procurer un état des troupes disponibles; ce ne fut pas possible pour toutes les gardes-nationales, mais j'eus chaque jour un état des troupes présentes au Champ-de-Mars, qui étaient placées sous le commandement du colonel Bénot.

Le colonel Bénot était un homme nerveux et énergique. Il habitait sous la tente au milieu du Champ-de-Mars et quelquefois il parvenait à retenir les hommes, mais ce n'était pas aisé parce que la discipline n'existait plus depuis le siège, et il y avait trop de désertions journalières. Les cadres étaient plus résistants, et encore! Enfin, quand je vis sur quelles troupes on pouvait faire fond, je fus ahuri. Sur le papier, dans les baraquements, dans les casernes, il y avait environ vingt-cinq mille hommes, mais ces vingt-cinq mille hommes ne comptaient pas comme troupes de sorties.

Dombrowski qui soutenait dans Neuilly une lutte meurtrière nous réclamait quotidiennement des renforts. Je demandais cinq-cents hommes au colonel Bénot. Il m'en donnait trois cents. J'envoyais ces trois cents à Neuilly, mais il y en avait qui restaient en route, au coin des rues, chez les marchands-de-vin, un peu partout. S'il en sortait cinquante, c'était normal; s'il en sortait cent, c'était joli. De façon donc que lorsque je récapitulais le nombre de gardes qui devaient se trouver en ligne, j'arrivais à un total de six, sept, huit mille, quelquefois dix mille, dans les grands jours, les jours exceptionnels.

C'est donc, en comptant le peu de troupes de rechange, avec une armée de quinze mille hommes que la Commune résista à cent cinquante mille hommes commandés par un maréchal de France, qui, il est vrai, n'avait été heureux qu'à force d'incapacité.

Mais le dévouement de quatre à cinq mille hommes était suffisant. Il y eut des hommes qui demeurèrent sur la brèche depuis le premier jour jusqu'à la fin. Dans les tranchées, aux remparts, je ne pus que rarement relever les hommes et les mêmes fédérés demeurèrent, usant deux et trois cents cartouches par jour, mais restant, malgré le froid, malgré la pluie, car il ne faut pas oublier qu'il y eut pendant la Commune, de froides et humides journées, durant lesquelles ils dormaient dans les trous creusés dans la terre des tranchées. Ils furent là, nuit et jour.

Je suis fondé à croire que sous le siège, ce n'est pas chez six mille citoyens, c'est chez tous qu'on eût trouvé un pareil dévouement, et on n'employa pas cette force!...

Il m'arriva de faire accompagner des compagnies rétives par des cavaliers ; mais ce moyen était mauvais et ne parvenait pas à triompher des fédérés; il nous eût valu des coups de fusil à l'intérieur et comme Paris était absolument calme, il n'en fallait pas.

XXXII

J'ai dit qu'on nous demandait des hommes; voici comment les choses se passaient :

Un général, un colonel commandant un corps ou une position quelconque à l'ennemi, nous envoyait directement sa demande; le colonel Henry ou moi, nous la décachetions, nous regardions notre état, ou, si les indications nous manquaient, nous envoyions un ordre à un des commandants des camps ou casernes. Généralement nous prenions nos hommes au Champ-de-Mars et le colonel Bénot faisait ce qu'il pouvait pour les fournir, ou nous les prenions à l'École-militaire.

Dans l'École, nous soutînmes d'abord une lutte contre le colonel Razoua (1). Le colonel commandait l'École, et il n'entendait pas laisser sortir un homme sans sa permission. En vain lui objections-nous que c'était une perte de temps, puisque nous-mêmes nous étions dans l'École, et qu'il était assez difficile de s'adresser à lui qui n'était pas là constamment et qui, chez lui, n'était pas toujours visible; il n'en voulait pas démordre, Delescluse ne consentait pas à froisser son vieux camarade que nous fûmes obligé d'envoyer promener assez brutalement.

Cela n'était rien. Mais voici qui était plus grave. Les chefs de corps demandaient aussi des renforts directement au Comité-central et à la Commune; celui-ci ou celle-ci envoyait

(1) Razoua s'était réfugié à Genève; il y est mort.

directement des ordres aux bataillons, et quand nous croyions avoir des hommes sous la main, nous apprenions qu'on les avait expédiés. L'inconvénient n'était pas encore considérable quand il ne s'agissait que de faire partir les troupes, on s'arrangeait avec ce qu'on avait sous la main, mais lorsqu'il fallait boucher les vides causés par ces départs, notre embarras devenait extrême. Que de fois j'ai envoyé des ordres à des bataillons dont le Comité ou la Commune avaient disposé! Nous nous plaignîmes journellement de cet ordre de faits, mais jamais nous ne pûmes créer une unité d'action militaire. Rossel, on le sait, s'était déjà brisé à vouloir faire quelque chose contre des personnalités d'autant plus dangereuses qu'elles étaient sans valeur.

XXXIII

Aussitôt installé à l'École-militaire, je m'étais emparé du mot-d'ordre. C'est moi qui le délivrais tous les matins. Or, dès le matin, un homme de taille moyenne, assez gros, la lèvre rongée par des accidents syphilitiques, venait auprès de moi :

— « Avez-vous donné le mot-d'ordre ? »

— « Pas encore. »

— « Donnez-le donc que je puisse m'en aller. »

Cet homme était un familier de notre État-Major. Ne lui voyant jamais rien faire, je m'étais informé de lui, et on m'avait dit que je devais avoir confiance en cet homme. On le nommait le commandant Suire. Je lui donnais sans défiance, à lui presque toujours le premier, le mot-d'ordre. Il le transmettait immédiatement à Versailles. Voici comment Versailles connaissait quelquefois notre mot-d'ordre avant nos propres troupes.

XXXIV

L'Etat-Major avait un autre familier. Celui-là était grand, maigre, avait une attitude de cavalier, une rosette de la Légion-d'Honneur. On le nommait le commandant Bocher. Il avait le regard louche et je me refusais toujours à lui donner le moindre papier. Cependant, comme il attendait sa commission pour former, disait-il, un régiment de cavalerie, je lui signai un jour, mais sur l'ordre formel du colonel Henry, que cela regardait, une commission conçue en ces termes :

« Ordre

» Le commandant Bocher est autorisé à former un régiment de cavalerie qui sera placé sous le commandement direct du colonel Henry.

» Monteil. »

Cet ordre qui, remis de la main à la main, n'avait pu s'égarer, se retrouva dans mon dossier lorsque je passai devant le conseil de guerre, et c'est pour cela que je m'en souviens si bien.

Le commandant Bocher ne forma jamais rien, mais je l'ai rencontré depuis se promenant bien tranquillement dans Paris.

Ce Suire, ce Bocher, ainsi que le général Guyet, dont je parlerai plus bas, étaient trois agents versaillais. C'étaient, je l'espère, les seuls, mais ils suffisaient.

XXXV

En ce temps-là la Délégation de la Guerre s'ingénia d'instituer une commission d'examen pour les officiers. Moment bien choisi. Était-ce au moins sur les choses de la guerre qu'on les voulait interroger ? Je reçus un papier pour me rendre devant cette commission dont faisait partie un jeune homme que je connaissais, mais dont je tais le nom, ne voulant, on le conçoit, donner que les noms déjà compromis (1). Sur quoi m'interrogea-t-on ? Sur

---

(1) Je puis le nommer aujourd'hui, il est mort l'an dernier, rédacteur réactionnaire d'un journal réactionnaire. C'était Lavigne.

l'histoire des communes. C'est une des histoires que je connais le mieux, mais j'avais bien la tête à Louis-le-Gros, à Laon et à Beauvais !

— « Ma foi, messieurs, » dis-je « je dors sur un matelas, réveillé de quart-d'heure en quart-d'heure par les dépêches. J'ai ma besogne à faire, je serais très-bête si je voulais subir un examen. Je trouve que vous avez un tort : c'est de déranger des gens qui ont à se battre. »

Nous causâmes quatre ou cinq minutes et je me retirai. Tous les officiers d'État-Major arrivaient là à la queue leu leu ; on avait fait comparoir jusqu'aux colonels ! O dieux ! Savoir si un colonel d'insurrection sait l'histoire !.....

XXXVI

Je couchais sur un matelas. Le fait était exact. Nous avions réussi à mettre de l'ordre dans nos travaux ; mais en accaparant sans relâche, j'avais fini par avoir une besogne terrible. Henry fatigué s'allait coucher. Gandin ne s'attardait jamais beaucoup. Je me faisais mettre un matelas. Je m'étendais là en uniforme. A tout moment on m'éveillait ; c'était une dépêche, soit du ministère, soit des généraux, soit des casernes ; il fallait y répondre. Heureux encore quand je ne devais monter à cheval pour aller vérifier moi-même ce qu'on me disait, et il m'était pénible de monter à cheval en chaussons, car je me ressentais toujours de ma foulure et je ne pus mettre une bottine au pied gauche que deux ou trois jours avant l'entrée des troupes de Versailles.

C'est en inspectant les remparts que je constatai, ainsi que l'assuraient nos officiers, qu'ils n'étaient plus tenables. Du Point-du-Jour à la Porte-Maillot, le bombardement était si intense qu'on n'y voyait plus un fédéré. Lemay, qui avait passé par là, m'avait prévenu aussi. Si j'avais été homme à faire signe aux Versaillais, ils eussent pu entrer dix jours plus tôt. Mais bien informés de ce qui se passait sur les boulevards par des gens qui y venaient tous les jours prendre leur café, les Versaillais savaient fort peu ce qui se passait aux remparts. Ils auraient pu, du reste, avec un soldat d'une intelligence médiocre à leur tête, terminer la guerre en huit jours.

XXXVII

Quatre jours avant l'entrée des Versaillais, notre section de l'École-militaire est réunie au ministère où nous procédons à notre installation.

Pour expliquer comment nous étions, voici ce que je puis dire : en montant par le grand escalier on tombe dans une antichambre ; à la porte à droite, près des fenêtres qui donnent sur la cour, une pièce existe dans laquelle Gandin s'empara du mouvement général ; en face des fenêtres s'ouvre une porte donnant dans une grande pièce qui était occupée par des officiers expéditionnaires, à droite était le bureau télégraphique, à gauche une pièce dans laquelle nous nous mîmes, Henry et moi, en face d'un bureau où se trouvait Lefebvre-Roncier. Au-delà était un salon (jonquille s'il me souvient bien) où se tenait Delescluze.

Quel désordre régnait là ! Les officiers, n'importe lesquels, pénétraient dans les bureaux, écrivaient sous votre nez, sur le papier officiel, prenaient les sceaux, s'en servaient; le gros Lefebvre-Roncier riait avec eux, accordait tout ce qu'on lui demandait, employait ses officiers à écrire ordres sur ordres, ne sais lesquels.

Mon premier acte fut de faire placer des sentinelles aux portes avec défense expresse de laisser entrer sans un ordre de moi, mon second acte fut de prendre les cachets et de dire : — « Ceux qui voudront les apposer me soumettront d'abord la pièce, et c'est moi qui l'estampillerai, s'il y a lieu. » Cela fit une révolution, mais c'était petite affaire. Je commençai à ranger les papiers. J'en fis détruire qui étaient inutiles. On alla se plaindre de moi à Delescluze et celui-ci me fit des reproches de mes soins, mais je tins bon, et le service pendant deux jours se fit avec une régularité relative.

Delescluze était alors bien irrité et bien irritable. Sans méthode en lui-même, placé dans un milieu dont toute méthode était absente, où chacun tirait à soi, il était loin d'avoir l'autorité nécessaire pour imposer une volonté qui, quoique opiniâtre, était plutôt nerveuse que raisonnée. Là où il eût fallu un homme avec un plan dans sa tête, une ligne de conduite nettement tracée, une décision forte, Delescluze n'apporta qu'une volonté fébrile. L'état dans lequel je trouvai le ministère me démontrait suffisamment jusqu'à quel point la désorganisation y régnait, et je fus à même de constater que Delescluze était débordé et incapable de maîtriser la situation. Il était malade depuis longtemps; sa maladie, il me le dit lui-même, s'était encore aggravée, il me parut entrevoir sa fin prochaine. Ce n'était pas l'homme. On avait sagement fait de le mettre là, il n'y en avait pas de plus honnête, mais il en eût fallu un autre. Plusieurs fois il se mit en colère pour des vétilles. Une malheureuse femme étant venue lui demander la grâce de son fils, il la reçut avec une brutalité qui l'eût révolté lui-même en d'autres temps. Il me parut aussi beaucoup trop prompt à donner dans les projets de défense que des tas d'inventeurs venaient lui soumettre. Voilà les défauts que je lui vis; ils n'étaient, au point de vue de la guerre, compensés par aucune qualité.

XXXVIII

Notre séjour au ministère de la Guerre ne fut pas de longue durée. Nous apprîmes presque aussitôt l'entrée des Versaillais. Ce fut un coup de foudre. C'était le 20. Delescluze sortit de son cabinet et demanda :

— « Qui a donné le mot-d'ordre, ce matin ? »

— « Moi » dis-je.

— « Il est bien choisi ! »

Je le compris ; le mot-d'ordre était « Cavaignac et Cavaillon. »

— « Mais » dis-je « il y a eu Godefroy Cavaignac. »

Cette explication ne dérida pas Delescluze. J'avais malencontreusement rappelé 1848. Eut-il en ce moment le pressentiment du malheur ?

Quelques heures après, nous apprenions que l'armée avançait dans Paris.

Chacun savait que la Commune devait finir ainsi, et personne n'y songeait. J'avoue que, pour ma part, je m'étais tellement enfoncé dans ma besogne que je la considérais comme devant être éternelle. Delescluze, à partir de ce moment, ne fut plus abordable; son état d'irritation devint extrême. Henry, plus calme, chercha par quels moyens on pourrait entraver la marche des Versaillais, mais au fur et à mesure qu'on s'arrêtait à un plan, les officiers que j'envoyais en reconnaissance venaient dire que l'armée occupait déjà les positions désignées.

Et les officiers devenaient rares. La plupart disparurent en ce moment-là comme par enchantement. Chacun tira ses grègues. Delescluze, ne se doutant pas de ce qu'était la défense, rédigea cette affiche qui était à la fois une insulte aux officiers de la Commune et la perte de la bataille des rues.

J'envoyai de mon côté au général Guyet, commandant-en-chef de l'artillerie, l'ordre suivant :

« Ordre

» Au général Guyet d'amener dans Paris les canons du fort de Bicêtre.

» Le lieutenant d'état-major secrétaire,

» Monteil ».

Dans ces temps pendant lesquels tant de gens prudents avaient caché leur nom, je n'avais jamais songé à masquer le mien.

Les Versaillais cependant avançaient. S'ils avaient eu moins peur, ils eussent pris tout le ministère dans un coup de filet.

J'avais commandé et donné des ordres toute la nuit. Vers trois heures du matin, le 21 mai, je m'étais endormi sur un matelas à côté du bureau. Je fus tout-à-coup réveillé, vers quatre heures et demie, par Gandin qui me dit : « Monteil, les Versaillais vont être dans la rue dans une heure ; on part, venez. »

Je me lève, passe mes bottines, prends le copie de lettres, les dépêches de la nuit, et je pars. On a dit depuis que l'on avait laissé des papiers nombreux au ministère, c'est faux.

Il n'y avait pas d'archives. Le copie-de-lettres seul eût pu fournir des documents, et je l'emportai. Les quelques rares papiers qui restaient furent brûlés ensuite par un adjudant d'État-Major qui a été heureusement préservé de toutes poursuites. Un seul livre a pu tomber aux mains des Versaillais, celui de la télégraphie, mais j'gnore s'il a été saisi ou s'il ne l'a pas été : il ne dépendait pas de moi de le détruire (1).

Nous partons donc, moi, portant les sceaux et le copie-de-lettres; Gandin qui était devenu lieutenant-colonel, le fils du colonel Faltot (deux de ses fils étaient dans l'État-Major), et quelques autres que je ne puis nommer, puis mon ordonnance.

Les balles sillonnaient la rue Saint-Dominique, toutes les boutiques étaient fermées, pas un passant. Bientôt des gardes-nationaux nous barrent le passage : « Vous voulez fuir, » nous disent-ils « demeurez ». Nous déclinons nos qualités et passons.

Delescluze et Henry qui ne quittèrent le

---

(1) Ce livre a été sauvé. Je l'ai vu dernièrement dans les mains de Lockroy, et j'y ai même retrouvé des dépêches de mon écriture.

ministère qu'à cinq heures du matin furent arrêtés de même, et de même passèrent.

Paris est morne, on sent planer la mort partout, aucune porte, aucune fenêtre ne s'ouvre, le malheurex qui passe glisse le long des maisons, le silence est coupé uniquement par le sifflement incessant des balles et de temps-en-temps par la détonation d'un obus.

Nous suivons les quais. Des gardes-nationaux, des femmes, des enfants « rappliquent » du côté de l'Hôtel-de-Ville, chassés par les Versaillais. On parle à voix basse ou on n'ose souffler. De loin-en-loin un groupe, des hommes qui emportent un cadavre sur leurs épaules.

C'était lugubre.

Aux barricades qu'on élevait de tous côtés, il fallait avancer au ralliement ; c'était la guerre, c'était bien la guerre civile dans toute son horreur.

Nous arrivâmes à l'Hôtel-de-Ville. Je déposai mon copie-de-lettres et les sceaux entre les mains de mon ancien confrère du *Rappel*, Henri Brissac, secrétaire de la commission exécutive (1) et je me fis signer une commission que j'ai encore sur laquelle j'apposai après ma propre griffe, tous les sceaux dont j'avais disposé. Je mis ce document, cette pièce rare et unique dans mon képi.

Et je me rendis chez moi, rue de Seine. Mon ami Lemay et moi, nous vivions dans une sécurité inouïe. Nous nous étions figuré qu'à l'entrée des Versaillais Paris serait quelques jours durant comme sous le siège, qu'on ne nous inquiéterait pas, et nous avions accumulé des provisions afin de pouvoir vivre plusieurs jours chez nous sans sortir. Nous nous disposions à rester quoique les mines des nombreux domestiques de la maison fussent peu rassurantes. A l'entrée des Versaillais, j'avais été prévenir Floquet qui logeait dans ma maison, et, j'avais appris

---

(1) Revenu de la Nouvelle-Calédonie à l'amnistie, il reprit sa plume de journaliste.

avec satisfaction qu'il était parti; or, en montant chez lui, j'avais entendu un domestique dire à une servante : « En voilà encore un qui la dansera. » D'un autre côté le concierge nous avait prévenus que les domestiques nous dénonceraient ; il nous dit que nous avions mis mes effets militaires et mes armes chez un américain notre voisin, qui serait le premier délateur, et il nous engagea fortement à ne pas rester rue de Seine.

— « Hé bien, » me dit Lemay « allons à la rédaction du *Rappel*, et si on nous arrête on nous arrêtera comme journalistes. Allons. »

Pauvre Lemay, il ne s'était mêlé en rien à la Commune, il avait des abris sûrs, dans sa famille, entr'autres; ce fut pour ne pas se séparer de moi qu'il ne se réfugia pas chez quelqu'un de ses parents, et son amitié, en manquant lui coûter la vie, lui coûta plusieurs mois de détention.

Je pris donc des effets civils et je les portai au *Rappel*.

— « Je m'habillerai-là » me dis-je.
Et je retournai à l'Hôtel-de-Ville.

XXXIX

Il y a beaucoup de monde dans la Salle-du-Trône, mais on est froid. Pas de cris. Chacun se regarde avec défiance. Des gardes-nationaux sont couchés dans cette salle immense, dans l'embrasure des croisées, leur fusil entre les jambes. Sur tous les visages, il y a une expression farouche. Je lis la mort.

A chaque instant, on apprend que les Versaillais tournent la ville et prennent nos positions.

De tous les côtés les barricades s'élèvent. Dans l'après-midi, je vais avec Barbieux et Lemay visiter les barricades de l'église Saint-Germain-des-Prés sur lesquelles on tire de la gare Montparnasse; les barricades de la rue Taranne, de la rue de l'Université, etc. Je suis très-fatigué. Depuis trois semaines, je ne me suis pas déshabillé cinq fois. Cette nuit-là, je rentre chez moi, et me couche. Lemay et moi, nous ne dormions plus depuis longtemps dans un lit. Nous avons pendu un matelas à notre fenêtre pour nous préserver des balles.

Le matin, le 23 mai, vers sept heures, je traverse le Pont-des-Arts. Il est sillonné par les balles. Sur le pont, un grand garde-national emmène une vingtaine d'enfants. Ces enfants crient : « Allons faire des barricades! » Ils dansent et chantent *la Marseillaise*. Tout-à-coup une balle arrive dans la tête d'un pauvre petit d'une huitaine d'années et le colle tout droit, mort, contre le treillis du parapet. Les autres enfants continuèrent leur route sans même se détourner.

A ce spectacle, les larmes jaillissent de mes yeux. Je suis nerveux, irrité. Je serre les poings. On fait des barricades au Louvre, je les franchis. J'arrive à l'Hôtel-de-Ville. J'y trouve La Cécilia, Johannard, qui a été nommé commissaire auprès de lui, et Grandier. Dans l'embrasure d'une croisée, ils regardent la place de Grève sur laquelle règne un grand mouvement, car on la hérisse de formidables barricades. La Cécilia va se rendre à Montmartre.

Le fils Faltot et un autre officier me proposent de battre en retraite sur Belleville où ils connaissent une maison sûre. Je refuse.

Je demande à Delescluze s'il a besoin de mes services. Comme il me déclare que non, je vais faire un tour en ville, je passe au *Rappel*, je vais chez moi chercher un objet oublié et reviens au *Rappel*.

Barbieux voudrait rentrer chez lui, rue des Beaux-Arts. Je lui offre de l'accompagner et de lui faire franchir les barricades, mais je le préviens que le Pont-des-Arts est périlleux. Il demeure au *Rappel*.

Je retourne à l'Hôtel-de-Ville. Il est quatre heures. J'y reste jusqu'au soir, au milieu d'une émotion grandissante et de préparatifs de défense. On a dit qu'on avait amené ce jour-là des barils de pétrole. Je n'ai rien vu de ce genre. Il est vrai qu'on a pu les mettre en un autre endroit que celui où je me trouvais et que je suis un de ceux qui considèrent le pétrole comme une légende.

Delescluze, Henry, Gandin, se tenaient dans le salon jaune qui faisait le coin de l'Hôtel-de-Ville sur la place et sur le quai. Là se donnaient à la diable des ordres plus ou moins sentis. Delescluze avait perdu tout sang-froid, son irritation se trahissait à chaque instant. Vers huit heures, on dîna. Le dîner se fit dans une salle attenante au salon jaune que l'on avait divisée avec des draperies. Il y avait là une vingtaine de personnes, Delescluze, Henri, Gandin, Sicard, Pindy, moi, et d'autres qui m'étaient inconnus.

Bergeret n'était pas là, mais un homme vint de sa part, pendant ce dîner, et comme il ne put expliquer sa mission, on appela Delescluze qui sortit et s'écria : « C'est un mouchard ! qu'on le fusille ! Allez, emmenez-le ! fusillez-le ! » On l'emmena.

Ce dîner, le dernier qui ait été fait à l'Hôtel-de-Ville, fut très-calme. Autour de nous, les balles sifflaient et les obus éclataient. On mangea une tranche de gigot, et ce fut tout.

Après le dîner, je demandai à Delescluze l'autorisation de m'en aller. — « Vous voulez essayer de vous sauver ? » me dit-il. — « Oui. » — « Vous êtes jeune, allez ! » Et il me tendit la main.

Henri et Gandin se mirent avec moi dans un coin du salon jaune.

— « Venez avec nous, Monteil » me dit Gandin « nous essaierons de nous en tirer ensemble. »

— « Non, » dis-je, « je vais au *Rappel*. »

Nous avions passé presque toute la Commune côte-à-côte, il était probable que nous ne nous reverrions jamais ; en nous serrant la main, une larme jaillit.

— « Bonne chance ! adieu ! »

XL

Je quittai l'Hôtel-de-Ville et me rendis tout droit au *Rappel.* Là, je changeai mon uniforme contre des vêtements civils. Je laissai la commission que j'avais fait signer dans mon képi, je fis un paquet des hardes et le jetai sur le haut d'une armoire en mettant par-dessus quelques journaux.

Lemay et Barbieux se trouvaient dans les bureaux. Lemay et moi, nous dormîmes sur la table de la rédaction. Au milieu de la nuit, nous fûmes réveillés par les cris : « Au feu ! au feu ! » C'était le Palais-Royal qui commençait à brûler. Lemay et moi nous sortîmes la pompe-à-feu du palais, mais nous n'eûmes d'eau que deux seaux qu'un marchand-de-vin nous donna. Je pris la hache et voulus monter jusqu'au réservoir qu'on me disait exister sur les toits, mais la fumée m'étouffa dans l'escalier. Nous abandonnons le Palais-Royal à son funeste sort. Nous aidâmes un bijoutier nommé Coste, qui craignait que l'incendie ne s'étendît, à transporter ses meubles et ses bijoux dans nos bureaux. La population était affolée. D'une barricade située au coin de la rue de Valois et de la rue Saint-Honoré, on tirait déjà sur la troupe. Le jour vint. L'armée s'empara du Palais-Royal, tandis que Lemay et moi nous entrions dans une petite gargote à côté de la porte du *Rappel* pour manger un morceau de viande froide.

Une vive fusillade s'engage dans la rue. Nous regardons et nous voyons un garde-national qui s'en va tranquillement et se retourne de temps-en-temps pour échanger une balle. Nous ne pouvons retenir une jeune fille devenue actrice depuis (1), qui

---

(1) Elle a bouché des trous aux Bouffes pendant plusieurs années. Elle se vantait fort d'être la fille naturelle de M. Janvier de la Motte.

traverse la rue malgré les balles. La fusillade ne dure guère que cinq minutes. La rue est prise.

Aussitôt, du bout de la rue accourt une section commandée par un colonel et un commandant. Ils arrivent droit au *Rappel* et font ranger leurs hommes.

— « Ouvrez la porte » dit le colonel.

La porte résiste. Barbieux s'est barricadé en dedans.

Le colonel prend une hache et enfonce lui-même la porte. Les soldats se précipitent dans l'intérieur.

Je les vois ramener successivement des typographes; le mouilleur de papier, un malheureux estropié; Balitout, l'imprimeur; son cousin; le concierge, enfin Barbieux.

J'ai un portefeuille dans ma poche qui renferme quelques pièces compromettantes. Je m'en débarrasse.

Un concierge du Palais-Royal vient dire au colonel qu'il y a encore des gens du

Rappel dans la gargote. Le colonel fait signe aux soldats d'y entrer. On nous prend, Lemay, moi, et un Belge qui se trouve là sans autre intention que celle de faire la cour à la fillette citée plus haut.

Le colonel nous dit simplement :

— « Vous en êtes ? »

Je fais un signe affirmatif. Nous sommes prisonniers.

DEUXIÈME PARTIE

L'ARRESTATION. — SATORY. — L'ORANGERIE

XLI

Nous voilà donc prisonniers des Versaillais; nous sommes enfermés dans un cercle de lignards dont quelques-uns ont bonne figure, mais dont certains ont le visage d'une idiote férocité. Ils pensent évidemment, ces derniers, qu'ils vont tout-à-l'heure nous fusiller. Ce n'est guère pour autre chose qu'un colonel et un commandant se donnent la peine de venir directement arrêter des citoyens.

On fait une perquisition en règle dans le *Rappel*. On fouille, on bouleverse tout. Les typographes ont caché dans le magasin à papier leurs fusils du siège; on les trouve. Le colonel passe un doigt dans le canon pour savoir si on a tiré.

— « Oh! » dit un des ouvriers « ils n'ont pas servi depuis le siège. »

On apporta du Palais-Royal du vin pour les troupiers. Le colonel fit jeter ce vin et empêcha d'en boire. Il craignit évidemment qu'il fût empoisonné.

Moi, en les voyant mettre papiers, livres, journaux, matériel sens-dessus-dessous, tout ouvrir, tout fouiller, je ne doutai pas qu'ils découvrissent mon uniforme. Ils allaient le prendre, l'apporter, on demanderait à qui il était, je n'avais pas à me taire, car cela suffisait pour qu'on fusillât tous ceux qui étaient là. Ma commission, du reste, on se le rappelle, était dans mon képi.

Je devais être fusillé, là, je m'y attendais. J'allai m'adosser aux volets de notre typographie.

— « C'est contre ces volets que s'arrêteront les balles ! » me dis-je.

Et je me mis à penser à ceux qui m'étaient chers. Etais-je très-ému ? Je ne le crois pas.

Sans doute, ceux qui me liront se récrieront, ils diront que je fais le bravache, que je devais être pâle et blême. Mais non, ceux qui penseront cela n'auront point passé par des journées et des moments pareils, voilà tout ce qu'ils prouveront.

Il est positif que si, en ce moment, tandis que je trace ces lignes, un peloton d'exécution arrivait et me déclarait que je vais être fusillé, j'aurais une émotion terrible, j'aurais peur, je crierais peut-être grâce, je ne sais pas ce que je ferais, je l'ignore absolument.

Mais le 24 mai 1871, à sept heures du

matin, je venais de vivre un mois et demi au milieu des combats. Je n'avais entendu parler que de bataille, j'avais senti les balles, les obus, la poudre, j'avais vu je ne sais combien de cadavres plus ou moins épouvantables. Depuis près d'un mois j'ignorais le repos. J'étais nerveux, j'avais la fièvre. Depuis trois jours je savais que les Versaillais fusillaient sans pitié, sans merci, je venais de me séparer d'hommes qui allaient mourir. Et puis il y avait l'état général de Paris, cette sensation d'un désert, d'une nécropole formée par la grande ville sur laquelle planait une immense terreur. La tension de tous les ressorts de mon être était extrême.

Hé bien, en de pareils moments, on n'est pas comme je suis aujourd'hui; on est fou, si l'on veut, on est un être à part, anormal, et ainsi s'explique la façon dont on peut attendre la mort. Je ne l'aurais certainement pas appelée, mais, étant donné ce que j'étais, la fusillade se trouvait être absolument naturelle et comme la conclusion logique des événements que nous traversions. Voici comment, sans me faire brave ni fanfaron, j'explique logiquement que j'attendais la mort avec calme.

Elle ne vint point. Par un bonheur inespéré, insolent presque, les soldats ne furetèrent point sur l'armoire où était mon uniforme. Ils redescendirent, se formèrent en carré autour de nous. Le colonel et le commandant nous quittèrent. Et nous partîmes.

XLII

Nous prîmes la rue de Valois et la rue Neuve-des-Petits-Champs.

A partir de la rue de Richelieu, nous fûmes l'objet des insultes de la populace. « Brigands ! incendiaires ! assassins ! » Voilà ce dont on nous gratifia.

Cette rue, par malheur, passait devant la rue des Moulins où habitait la famille de

Lemay. Mon pauvre ami se cacha derrière moi; mais sa mère était à la fenêtre; elle le vit, elle m'aperçut! A combien de démarches la pauvre femme se livra pour revoir son fils, et combien de larmes elle versa!

Nous passions. A un moment donné, un jeune homme fut jeté dans nos rangs, brutalement. Il voulut ressortir, mais les soldats le repoussèrent. On entrait dans leurs rangs, on n'en sortait pas. Ce malheureux nous avait reconnus et avait protesté contre l'épithète d'assassin dont on nous gratifiait.

— « Ah! vous en êtes donc! » lui avait crié un grand monsieur en le jetant sur nous.

C'était un rédacteur du *Journal de Paris*.

XLIII

Nous arrivons à la place Vendôme. Les soldats qui remplissent la place accourent pour nous voir.

Ils nous montrent la colonne gisante sur son fumier :

— « On va vous fusiller là contre » nous disent-ils.

Nous traversons la place jusqu'à l'État-Major. Là, les soldats s'arrêtent. De l'entresol, un officier demande qui nous sommes.

— « C'est *le Rappel* » dit le sergent-major qui commande notre escorte.

Un commandant d'État-Major descend et vient vers nous.

— « Ah ! » dit-il « c'est vous qui avez allumé l'incendie de la guerre civile ! »

Les soldats comprennent que nous avons mis le feu partout. Leurs injures et leurs menaces redoublent. Un petit sous-lieutenant de cavalerie se distingue particulièrement. Les poings serrés, l'écume à la bouche. il bave littéralement l'insulte aux captifs.

Le commandant à grande barbe brune donne des ordres pour qu'on nous enferme à part. On nous met dans l'ancien corps-de-garde, au milieu duquel est une tinette crevée, mais non sans qu'on nous ait fouillé à l'entrée et qu'on ait pris ce que nous n'avons pu dissimuler. Au moment de notre arrestation, j'ai glissé heureusement de l'argent dans mon soulier, et je parviens à soustraire des notes qui auraient pu compromettre plusieurs personnes. Ces notes, je les fis disparaître sous le lit-de-camp du corps-de-garde.

Nous ne parlions guère. Les uns et les autres nous avions la fusillade en perspective. Nous attendions. Cependant, vers le soir, nous eûmes faim. Nous frappâmes à la porte. Le soldat qui était en faction demanda ce que nous voulions.

— « Du pain et de l'eau » dit Lemay.
— « Avez-vous de l'argent ? »
— « Oui. »
— « Donnez. »
— « Ouvrez, alors. »
— « Je ne puis pas, passez-le sous la porte. »
Lemay passa dix francs que nous ne re-

vîmes plus et nous ne vîmes pas de pain davantage.

La nuit vint. On s'étonne beaucoup lorsqu'on raconte que le grand Turenne dormit la veille d'une bataille ; nous, nous avions la certitude d'être fusillés, et cependant nous dormîmes : c'était plus fort que Turenne !

Au milieu de la nuit, nous sommes réveillés par des cris de : « Vive la Commune ! Vous êtes des lâches ! des assassins ! Vive la Commune ! Vive la Commune ! »

— « Te tairas-tu ! » cria-t-on.

— « Vive la Commune ! »

— « Allez, finissez-en, » fit une voix avec le ton du commandement.

Nous entendîmes des soupirs, un râlement. On lardait le fédéré à coups de baïonnettes, sous la porte d'entrée.

Le matin on ouvrit notre porte.

— « Sortez dix. »

Dix ! le nombre ! Dix, le troupeau des victimes pour la fusillade.

— « Allons, » dit Balitout « je passe avant mes ouvriers. »

— « Allons, Barbieux. »

Et nous partîmes Balitout, Barbieux, Lemay, moi, des ouvriers de bonne volonté, les dix de la fournée.

A notre grand étonnement on nous fit monter au premier.

Nous nous trouvâmes devant un capitaine de gendarmerie qui avait assez bon visage.

— « D'où sortez-vous ? » nous demanda-t-il.

— « Du poste. »

— « Alors, ce n'est pas vous que j'ai envoyé chercher. Ça ne fait rien. Voulez-vous aller à Versailles ? »

— « Je le crois bien, » dit Barbieux « je pourrai, là, me faire réclamer par mon ami Jules Favre et par mon ami Jules Simon... »

— « Bien, bien, je vais vous faire partir. Donnez-moi vos noms. »

Nous déclinâmes nos noms. On nous fit descendre dans la cour où un convoi se formait. On était en train de ficeler ensemble les hommes des deux premiers rangs qu'on avait eu le soin de choisir parmi les plus dépénaillés.

Lemay s'approcha d'un soldat et lui demanda s'il consentirait à porter un billet à sa mère. Le soldat se fit expliquer où c'était. Il s'en chargea. Il ne voulait pas prendre la pièce de quarante sous que lui donnait Lemay. Il ne la garda sans doute que par crainte d'être surpris ; du reste il ne fit pas la commission.

XLIV

Nous voilà donc partis. Nous sommes plus de cinq cents. Nous marchons entre deux haies de soldats. Nous conduit-on réellement à Versailles ou est-ce aux remparts qu'on nous mène? On fusille volontiers aux remparts. On ne nous fusillera pas tous, mais on fera un choix, c'est certain. On m'a précisément raconté l'anti-veille que le général de Galliffet rencontrant une bande de prisonniers vers la porte de la Muette a fait un tri parmi les hommes, les désignant du doigt et leur demandant : — « Vous êtes un ancien soldat ? » — « Oui, mon général. » — « Vous voyez que je m'y connais. Placez-vous là. » Quand il a eu fait sortir quatre-vingt-treize individus il a crié : « Allez les fusiller. » Et se tournant vers les prisonniers : — « Quatre-vingt-treize, » a-t-il dit « vous n'oublierez pas ce chiffre immortel, n'est-ce pas ? » Marchons donc. Je dépasse de la tête ceux qui sont à côté de moi, mon pauvre ami Lemay qui me donne le bras, j'ai quelque chance pour qu'on me prenne.

Nous traversons Paris. Les gens qui, huit jours auparavant, criaient : « Vive la Commune ! » devant moi crient aujourd'hui : « Vive la ligne ! » et ils nous traitent d'incendiaires et d'assassins. Il n'y a là rien qui m'étonne.

Paris est ville conquise, on fusille à la moindre dénonciation, on y a peur. Cependant, je sens, que chez nombre d'individus il y a de la haine. La haine? C'est singulier, je ne l'ai jamais ressentie pour Versailles. Mais, hélas! ce sera seulement à partir de ce jour que je connaîtrai mieux les passions politiques et que je mesurerai les réactionnaires à leur aune; et puis, tout-à-l'heure, du haut de Montretout, j'aurai une impression qui justifiera la haine qu'on nous montre.

Nous prenons par le boulevard Malesherbes. Là, on fait sortir d'une cour environ trois cents personnes que l'on met à la tête de notre bande. Et nous repartons.

Quelques-uns de ces prisonniers seulement portent la vareuse de la garde-nationale. Les autres sont en bourgeois. La plupart n'ont évidemment aucune attache avec la Commune, il y en a qui le disent bien haut et même qui pestent, ayant été tout le temps pour Versailles, d'être arrêtés comme communards. Les troupes s'emparent de ce qui leur tombe sous la main. Quiconque est demeuré à Paris au lieu d'aller, comme Thiers, à Versailles, est coupable : il n'y a donc pas moyen de se tromper et on ramasse tout. Et puis, il ne fait pas bon avoir un ennemi, un concurrent, c'est à quel marchand-de-vin fera fusiller son confrère du coin, et ce n'est pas, hélas! les faits de ce genre qui manquent!

Pour le moment, nous traversons Courcelles et on nous fait remonter jusqu'à La Muette. Là on nous distribue un pain pour deux et notre escorte de la ligne est remplacée par une escorte de chasseurs-à-cheval commandée par un capitaine aux traits durs qui nous envoie des regards furibonds à travers son monocle.

Lemay, Barbieux, Balitout et moi, qui n'avons rien mangé depuis la veille, nous cassons notre pain. Nous mangeons. Jusqu'ici, j'ai conservé la crainte d'être fusillé, mais aussitôt que nous traversons le Bois-de-

Boulogne, mon impression change complètement et il se fait en moi une détente. Je vais expliquer mon état le mieux que je pourrai, mais je ne garantis point de le faire bien comprendre de ceux qui ne se sont pas trouvés en semblable occurrence. Hé bien, mes nerfs se détendent, et j'ai envie de pleurer, et j'ai besoin d'effusion. Je sauterais volontiers au cou de Lemay en larmoyant. Je me retiens à quatre pour ne pas pleurer. Nous marchons beaucoup. Depuis ma chute de cheval j'ai eu de la peine à remettre mes bottines et j'y ai des écus. Ma foulure commence à me faire mal et mon état nerveux me quintuple cette douleur. Ce pauvre Lemay, tout fatigué qu'il soit, me soutient. Je ne vaux plus rien ni au moral, ni au physique. Si l'on voulait me fusiller en ce moment-ci, je serais lâche.

Nous traversons le pont de bateaux, Saint-Cloud en ruines, nous gravissons la montée de Montretout. De là on découvre Paris. Paris brûle. On voit les flammes jaillir de cette immense fournaise, un nuage noir couvre le ciel. Mes larmes partent.

— « Oh ! regarde, » dis-je à Lemay « c'est affreux. »

Lemay qui est beaucoup plus calme que moi me répond simplement :

— « Oui, ça brûle. »

Il fait très-chaud. Nous suons à grosses gouttes. Notre convoi, les chevaux qui nous entourent, soulèvent un nuage de poussière. Nous sommes bientôt sales à faire peur. Sur les hauteurs nous trouvons une fontaine où on nous permet de boire. Un peu plus loin un jeune homme qui se tient avec deux femmes sur le seuil d'une villa reconnaît son père.

— « Mon père ! » s'écrie-t-il en tendant les bras vers un vénérable vieillard à grande barbe blanche.

Et il suit le capitaine en lui réclamant son père.

— « Venez le chercher à Versailles, » dit le capitaine.

Mon pied me fait horriblement souffrir. Il y a des charrettes qui nous suivent. Je m'imagine qu'on pourrait m'autoriser à y monter.

Je traverse les rangs et vais au capitaine.

— « Capitaine ! capitaine ! »

— « Je n'ai rien à entendre de vous, » me répond le capitaine.

Je reviens prendre mon rang. Mon pauvre ami me soutient tant qu'il peut, oubliant sa fatigue. Un peu plus loin je demande de l'eau. Un maréchal-des-logis a la complaisance de nous donner son bidon. On voit parmi les soldats qui nous accompagnent de braves gens qui voudraient bien être attelés à plus honorable besogne.

Sur notre passage les soldats accourent pour nous regarder. La population des villages, à Vaucresson (1), le long de la route, paraît plutôt sympathique qu'hostile, en général. Elle

---

(1) La route suivie fut celle de Saint-Cloud, Montretout, le Petit-Garches, Villeneuve, Vaucresson, le bois des Hubies, le Petit-Chesnay, Versailles.

contraste fort d'attitude avec la population de Paris.

Nous arrivons à la grille des portes de Versailles. Halte. Le capitaine va se mettre en tête de la colonne et se retournant vers nous :

— « Sales Parisiens ! » s'écrie-t-il « tas de canailles, vous allez entrer dans la capitale des bons, des braves, des honnêtes ruraux ! Allons, chapeau bas, canailles, chapeau bas ! »

Ceux qui ne quittent pas leur chapeau le voient s'envoler d'un coup de plat de sabre. On nous fait nous tenir par le coude avec plus de rigueur, on fait serrer les rangs : c'est le moment de la parade.

Nous voici sur la Place-d'Armes. La foule accourt de tous les côtés : « Canailles ! coquins ! maquereaux ! pétroleurs ! voleurs ! incendiaires ! assassins ! » On ramasse de la boue, on nous la jette. Une belle dame prend une canne, fend la haie des cavaliers et tombe à grands coups sur les prisonniers aux applaudissements des ruraux. Il y a malheureusement quelques pauvres femmes dans nos rangs.

— « Oh ! cette horrible femme ! Hue ! la pétroleuse ! fusillez-la ! »

— « On va vous fusiller à Satory, allez ! »

— « Fusillez-les ici ! »

— « Laissez-les-nous fusiller. »

— « Incendiaires ! assassins ! »

— « Oh ! ce grand-là, regardez-le donc ! il ose me regarder, » s'écrie une dame, et elle est jeune et jolie, en me crachant au visage.

— « Oh ! celui-là qui ose être bien mis et porter des lunettes ! » crie une autre en regardant Lemay, dont les revers de velours paraissent encore sous la poussière qui nous recouvre.

Ces lâches insulteurs sont des gens bien vêtus. Les petits-crevés et les cocottes de la haute !

On est devant le palais. Le capitaine se retourne :

— « Saluez le palais du roi ! » s'écrie-t-il en élevant son sabre.

Cet homme n'aime pas, pour sûr, la République.

Nous traversons Versailles. A la hauteur de Satory, Barbieux, qui se plaint depuis quelque temps, n'en peut plus. Nous le soutenons. Heureusement, il peut marcher ; oui, heureusement, car un malheureux commissionnaire (on a dit depuis que c'était le commissionnaire qui se tenait au coin de la rue Joquelet et de la rue Montmartre), est pris d'une insolation. Il apporte du trouble dans les rangs où on le soutient avec difficulté et on le perce à coups de sabre. On finit par le mettre dans une voiture qui passe, mais il meurt en arrivant. Nous sommes à Satory.

J'ai fait pour l'explication des chapitres qui vont suivre des plans et dessins qu'on trouve dans ce volume et qui faciliteront mon récit. Nous voilà donc à Satory, nous entrons dans la dernière cour (à l'opposé de Versailles)

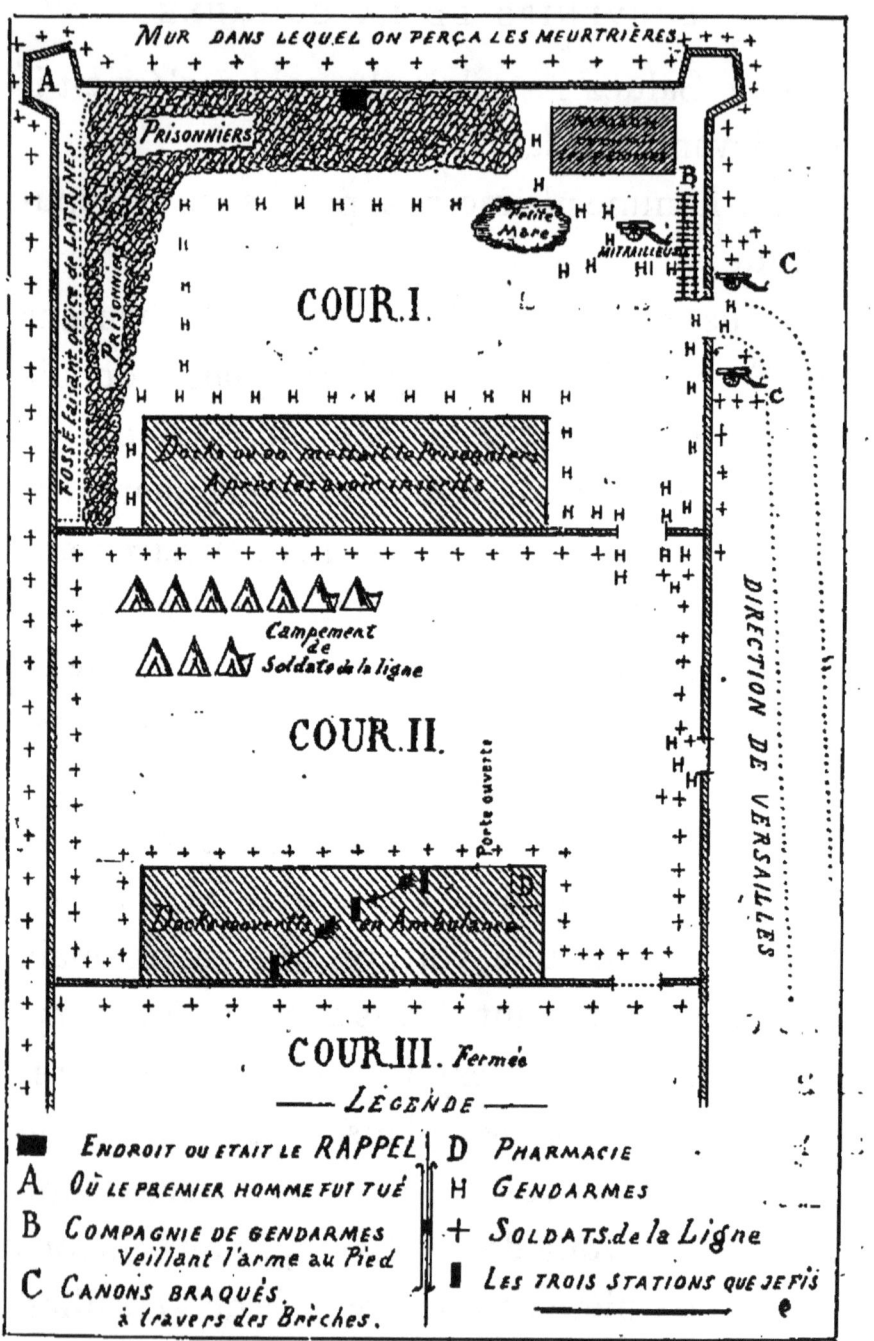

de ce qu'on nomme l'Arsenal de Satory. Ordinairement c'est dans ces cours et sous les vastes hangars longs d'environ soixante mètres et larges de vingt qu'on parque le matériel d'artillerie, d'ambulance, de campement, d'intendance, etc. Pour le moment, deux des cours (1 et 2 du plan) sont consacrées aux prisonniers, mais c'est dans la cour 1 seulement qu'on les parque. Ces cours sont immenses, elles ont des manières de petits redans aux coins.

Nous entrons par une porte en dehors de laquelle se trouvent deux canons, braqués, à travers des embrasures pratiquées dans le mur, sur les prisonniers que contient la cour. Contre le mur à gauche en entrant, je vois une compagnie de gendarmes, l'arme au pied ; cette compagnie se renouvelle. Deux pas plus loin est une mitrailleuse braquée sur les prisonniers.

— « Voyez-vous le moulin-à-poivre ? » crient les soldats « on va vous en distribuer des pruneaux, ne craignez rien ! »

- Un grand nombre d'officiers nous regardent défiler. Ils aperçoivent un monsieur qui est à deux rangs derrière moi. Ils s'avancent vers lui :

— « Vous êtes décoré de la Légion-d'Honneur? »

— « Je tiens cette croix de la main de S. M. l'Empereur. »

On le fait sortir des rangs. C'était, dit-on, le sieur Orsi, faiseur d'affaires du régime impérial.

On nous fait attendre au milieu de la cour. On nous compte. Nous sommes huit cent quarante. Un beau convoi !

On sépare les femmes de nous et on les met dans la maison qui sert d'ordinaire aux gardes de l'arsenal et dans laquelle, plus tard, j'irai devant « mon officier-instructeur ».

On nous met avec les autres. Nous formons une vaste masse, tout autour de la cour. Notre espace est délimité par une ligne de sentinelles très-rapprochées, à cinq pas les unes des autres ; ces sentinelles appartiennent à la gendarmerie. Tous les soldats postés dans cette cour sont, du reste, des gendarmes (gardes-de-Paris).

Nous voilà donc avec les premiers arrivés, sur la terre nue, dans la ligne des gendarmes. On a le droit de s'asseoir sur le macadam. Barbieux se trouve presque mal en arrivant. Comment faire ? Il n'y a pas d'eau. Enfin, on l'aide à revenir à lui ; s'il n'est pas mort d'apoplexie ou d'insolation ce jour-là, ce n'est pas la faute aux Versaillais. Bientôt des prolonges arrivent et on nous distribue un pain pour deux. Nous nous promenons sentimentalement avec notre pain. Je ne dis pas grand'chose. Je suis démoralisé. Balitout est pensif. Lemay supporte sa situation beaucoup mieux que ses camarades. Les typographes vont choisir leur place, car il y a encore des places privilégiées sur ces cailloux. On se divise ainsi. Cependant Balitout, son neveu, Barbieux, Lemay et moi, nous restons ensemble.

Il y a des médecins de la garde-nationale auxquels on laisse un peu de liberté et qui viennent nous visiter. L'un d'eux jette un paquet de tabac à Barbieux. Un autre est une de nos connaissances du Quartier-Latin.

Je m'approche des sentinelles pour leur demander où on va aux lieux. Le gendarme auquel je m'adresse me plante sa baïonnette sous le nez.

— « Foutez-moi le camp ! » dit-il.

— « Mais !... »

— « Ils ne sont pas tous coupables, » dit un gendarme, son voisin, qui est jeune, tandis que l'autre est un vieux.

— « Eux ! » dit le vieux « on n'a qu'à me le dire : je ne demande qu'à les fusiller les uns après les autres ! »

Je vais au jeune, renouveler ma question ; il m'indique un fossé qui se trouve au fond de la cour et où tout le monde va.

Je reviens. La nuit arrive. Lemay et moi nous nous couchons contre le mur. La nuit est belle. Il fait un peu froid vers deux heures du matin, mais enfin, on se réchauffe le jour en faisant des *tas,* c'est-à-dire en se mettant les uns contre les autres et en donnant à la masse un léger ébranlement.

Au loin, on entend le canon qui tonne sur Paris.

XLV

Le vendredi 26, les convois de prisonniers continuent à arriver, et nous voyons partir ceux qui sont dans les docks. Nous commençons à comprendre le mécanisme. On enferme les femmes dans la maison, on met les hommes dans la cour, puis on prend les hommes de la cour, on constate leur identité et on les enferme dans les docks; on les extrait enfin des docks pour les envoyer sur les pontons ou ailleurs.

Les bruits les plus contradictoires circulent. A chaque convoi on dit : « Courbet est là » ou « Delescluze est ici »; on dit : « On fusille derrière les murs », et encore : « Les gens qui sortent d'ici sont fusillés. »

Je rencontre Charles Quentin (1) : « On va nous déporter en masse » me dit-il. — « Vous croyez ? » — « Parbleu ! puisqu'ils nous ont, c'est ce qu'ils peuvent faire de mieux pour eux. »

On nous distribue de la paille. Chacun en attrape quelques fétus. Plusieurs des prisonniers, et, parmi eux, de nos typographes, se mettent à construire des huttes ou à fabriquer des costumes avec la paille.

Ils ont raison, car une petite pluie fine et pénétrante commence à tomber.

Nous préservons notre pain en le mettant sous nos vêtements, mais peu-à-peu la pluie traverse nos habits. Chacun alors de se garantir le mieux possible. Quelques-uns ont des toiles de tente et se confectionnent des abris. Je porte une redingote de drap brun, un

---

(1) Aujourd'hui directeur de l'Assistance-publique, à Paris.

gilet, une chemise, une chemise de flanelle, tout cela est bientôt traversé. Pour préserver mon pain, je m'asseois dessus, mais il est vite mouillé, il se mêle à la boue; il faut le manger ainsi.

Le petit redan qui se trouve au coin des docks est percé de meurtrières. Il est défendu de regarder par ces meurtrières; si on regarde les soldats ont l'ordre de tirer sur vous. Or ce redan, comme le fossé, sert de latrines. Dans l'après-midi un prisonnier y va. Il est en train de remettre son pantalon quand son regard tombe, en face de lui, à travers une meurtrière. Un lignard placé de l'autre côté lui envoie une balle qui lui décalotte le crâne et le cloue au mur. Il reste ainsi droit, collé, la cervelle écrabouillée contre la muraille jusqu'à ce que l'on vienne le ramasser.

Le jour, on s'accommode encore de la pluie, et la nuit; mais lorsque le froid arrive dans la matinée du samedi, on souffre, on se sent gelé jusqu'à la moêlle, et il faut demeurer couché dans cette boue, car il est défendu de se lever tant qu'il ne fait pas jour.

Enfin le jour vient. On refait des tas. Lemay va s'y réchauffer. Moi, je suis pris d'une telle désespérance, je tiens si peu à la vie, je me sens si passif, que je reste, mouillé, assis sur mon pain, sur la boue que je mange.

XLVI

Nous voilà donc au samedi matin. Des murmures s'élèvent çà et là dans le camp. Le sol est détrempé. J'estime que nous sommes parqués là une dizaine de mille. Qu'on se figure dans quel lac de boue se trouvent tant d'hommes piétinant dans un espace si resserré.

Et la pluie ne cesse pas, elle augmente d'heure en heure. On se plaint, quelques cris s'élèvent. On craint évidemment une révolte, nous voyons des officiers passer, nous remarquons une allure plus vive dans les ordres; des précautions sont prises.

Tout-à-coup dans le mur qui forme le grand rectangle et que j'ai dessiné dans mon plan, nous entendons retentir des coups de pioche. Une même pensée vient à tous : on va percer des meurtrières dans le mur pour nous fusiller en masse. En effet, on perce des meurtrières, de dix mètres en dix mètres, à-peu-près. Derrière chacune de ces meurtrières nous voyons un lignard venir se poster la carabine à la main.

On se transmet de l'un à l'autre qu'il est défendu de regarder par les meurtrières.

La pluie continue à tomber. La nuit vient. Cette nuit va être terrible. Quelques-uns ont des abris. Lemay a trouvé des camarades qui lui offrent un coin sous une manière de tente. Il reste une place, Lemay vient me chercher. Je refuse. Je vais m'asseoir au pied du mur, recroquevillé, mon pain toujours sous moi, mêlé à la boue. Je suis plongé dans la boue jusqu'au bas des reins; c'est un bain de siège.

A côté de moi, un malheureux qui a eu la moitié du visage emporté par un éclat d'obus et dont l'œil pend en dehors de l'orbite, souffre horriblement et exhale une odeur insupportable.

XLVII

C'est la nuit, du samedi 27 au dimanche 28 mai. Il est défendu de se lever. Il faut demeurer étendu dans la boue. Mais le froid qui saisit et qui gèle, mais cette pluie battante, cette nuit noire, ces cris des sentinelles, ce canon qu'on entend encore au lointain, ces trois jours en plein air et ces deux jours entiers de souffrance sous la pluie, s'ils ont brisé des hommes, en ont exalté d'autres.

Il y en a qui deviennent fous et qui se mettent à jeter des cris perçants. D'autres, malgré la défense, ne pouvant plus y tenir, se sentant mourir de ce froid humide, se lèvent.

Les gendarmes crient. Un premier coup

de feu part, puis un second. Et voilà que les coups de fusil se succèdent et tuent ou blessent ceux qui se lèvent ou ceux qui sont couchés, car on tire dans la masse. Alors on pousse des cris d'effroi, on se dresse un peu partout. De nouveaux cas de folie se déclarent; les fous bondissent dans la nuit noire sur ceux qui sont couchés, les cris des blessés se mêlent à ceux des insensés et à ceux des prisonniers qui ont peur. Et la fusillade continue. Les éclairs sillonnent l'obscurité. Toute la nuit, toute la nuit, les coups de feu éclatent. On fusille les prisonniers.

XLVIII

Le dimanche matin, 28, à l'heure où finissait dans Paris la lugubre bataille des Sept-jours, je n'en pouvais plus. Je n'étais ni mort ni vif; trempé, transi de froid, le moral complètement détruit, sans force et sans courage, je me laissais aller, souhaitant la mort.

Lemay me vit ainsi, et plein de pitié, il tâcha, mais en vain, de me réconforter par de bonnes paroles. N'y réussissant pas, il appela le chirurgien de la garde-nationale que nous connaissions et qui hélas! est mort depuis, le pauvre garçon, et il lui dit :

— « Gauthier, emmène Monteil, si tu le peux, il n'en peut plus. »

— « Allons, mon pauvre Monteil, pouvez-vous vous lever? » me dit Gauthier.

Et s'adressant à deux gendarmes :

— « Aidez donc cet homme-là à aller jusqu'à l'ambulance » dit-il.

— « Nous! que nous touchions à cette charogne-là!... » s'écrièrent-ils.

Gauthier chercha un brancard, et n'en voyant point qui ne fût occupé, il me fit soutenir par deux communards qui me traînèrent du mieux qu'ils purent.

Mes membres engourdis par le froid refusaient leur office.

Ainsi je quittai mon pauvre ami Lemay,

et mes compagnons d'infortune. Je regrettai souvent de m'être séparé de Lemay, mais en ce moment-là, je l'avoue, je n'avais aucun sentiment, j'étais anéanti.

XLIX

En franchissant la grille qui séparait la première cour de la seconde, je passai devant le poste des gendarmes.

— « Regarde donc » dit l'un « cette sale gueule. En voilà un qui n'en a pas pour longtemps. »

— « Il va crever comme une charogne. »

— « Ça va nous économiser notre poudre. »

J'arrive à l'ambulance établie dans un des docks.

— « Jetez-le là » crie une voix.

On me lâche, je tombe. Je ne vois plus personne. Je reste ainsi deux ou trois minutes. Mais je commençais à me réchauffer et à recouvrer l'usage de mes membres. Je tâte autour de moi.

Je sens des bras, des jambes.

Je regarde attentivement. Je suis sur cinq ou six cadavres que l'on a mis là, en tas.

A quatre pattes, je me sauve plus loin, jusqu'à une paillasse. Une odeur nauséabonde me monte au nez. Je tourne la tête. Je suis juste sous les pieds de deux cadavres que je n'ai pas vus et sur lesquels on a jeté une couverture. Je me hâte d'aller plus loin, contre le mur, sous la mangeoire des chevaux. Je trouve là une paillasse avec des draps et une couverture. Je me déshabille, j'étends mes effets pour essayer de les faire sécher. La couverture qui est sur moi sent le cadavre ou la pourriture d'hôpital, je ne suis pas sûr que les draps soient propres, mais que m'importe ! c'est sec, je me trouve bien.

Le médecin-major de l'armée, le docteur Hatry, passe. Il m'ordonne de la soupe. Je mange quelque chose de chaud ! Jamais meilleur lit et meilleure soupe n'ont fait plus de plaisir.

L

Les docks de l'arsenal de Satory sont de vastes hangars soutenus dans leur milieu par deux rangs de colonnettes en fer et dont le mur qui regarde la cour est percé de larges portes, une par travée.

On avait mis sous ce hangar quatre rangs de paillasses. Il y en avait de garnies de draps et de couvertures, d'autres de couvertures et d'autres n'avaient rien. Une partie de cette ambulance était consacrée aux femmes. Cette partie était séparée de la nôtre par des draps étendus sur une corde.

On apporta là une partie des morts de la nuit, mais la plus grande partie fut portée directement au « cimetière des fusillés » dans lequel tant de gens, me disait plus tard un fossoyeur, furent enterrés vivant encore ! Toutefois, d'après les renseignements que j'ai eus depuis, le nombre des victimes de ces fameuses nuits de Satory et de cette fusillade non moins fameuse ne dépassa pas quarante tués et une trentaine de blessés.

Des blessés, il y en avait déjà dans l'ambulance, mais il fallut y amener aussi quatre ou cinq fous, et ceux-ci, on ne trouva rien de mieux que de les attacher aux colonnettes de fer.

Ces fous hurlaient. Tant que durait le jour, ce n'était rien, mais quand venait la nuit, dans ce vaste hangar éclairé par une seule lampe placée à un bout, le spectacle devenait fantastique et terrible.

Il y avait une femme, une femme dont la voix retentira toujours à mon oreille, une voix qui m'épouvanta. Elle criait : « Rendez-moi mon enfant ! Rendez-moi mon enfant ! Ils tuent mon enfant ! Ils lui ouvrent le ventre ! Mon enfant ! Mon enfant ! » Oh ! on ne peut pas se faire une idée de cette voix, de ce cri qui me retournait les entrailles. Une autre femme, soulevant les draps de la séparation, bondissait sur nos lits en criant : « Laissez-moi ! Laissez-moi ! Je me sauve ! Je me sauve ! » Et j'assistais à la lutte des infirmiers se précipitant sur elle et la faisant revenir de force, tandis qu'elle poussait des cris de : « Au secours ! Au secours ! »

Un des fous liés aux colonnes criait : « Vive la Commune ! » Une autre femme criait : « Assassins ! Assassins ! » Beaucoup, des fous, des femmes, des blessés même, poussaient de longs hurlements semblables à ceux des loups. Les hommes qui mouraient râlaient. Quelques blessés gémissaient de douleur. D'autres enfin jetaient un cri suprême. Et les soldats venaient qui s'emparaient d'un cadavre et l'emportaient.

Voilà le spectacle que j'eus trois jours durant, spectacle terrible, ineffaçable, et qu'il devrait suffire de peindre pour faire abhorrer par tous la guerre civile.

Au bout de trois jours, j'avais fait sécher approximativement, au soleil, mes vêtements enduits de boue. Le major Hatry me signifia qu'il ne pouvait me garder. On forma un petit convoi que l'on fit partir sans dire à personne où on le conduisait.

LI

Nous voilà, une douzaine, pas davantage, placés entre des gendarmes. Nous descendons la côte de Satory, nous dirigeant sur Versailles. Ma seule préoccupation est celle-ci : Vais-je retrouver mon ami Lemay ?

Nous traversons les rues. Le premier Versaillais qui nous voit s'écrie : « Regardez-les donc, ces pétroleurs, sont-ils assez laids et dégoûtants ! Canailles, va ! »

Laids et dégoûtants ? Parbleu ! On le serait à moins. J'avais meilleure figure que vous, bourgeois, sans nulle vanité, et mes habits étaient d'aussi belle étoffe, mais après un voyage sous la poussière et trois nuits et trois jours sous la pluie dans un pied de boue!... on serait sale à moins ! J'ai remis mes vêtements sans qu'ils fussent brossés. Ils sont imprégnés de boue encore humide par endroits et terreuse en d'autres. Je n'étais pas beau, j'en fais l'aveu, mais véritablement les Versaillais nous arrangeaient ainsi pour qu'on nous appelât crapules sans vergogne.

Sur le parcours, les injures augmentent généralement quand on rencontre des femmes qui ont l'air de cocottes et des petits-crevés. Je surprends parmi les passants plus d'un regard compatissant. Enfin !....

Nous voici dans le jardin de l'Orangerie, sous la terrasse et les grands escaliers, en face de la pièce d'eau dite des Suisses. D'autres prisonniers sont là aussi ; on nous passe en revue.

Un vieux commandant maigre vient à moi et me dit :

— « Qui êtes-vous ? Qu'avez-vous été ? »

— « Rien » dis-je.

— « Ah ! » fait-il « c'est que je cherche un grand officier d'État-Major dont le signalement correspond à votre mine et auquel je voudrais rendre service. »

Il me regarde, je ne réponds mot. Il se retire. J'ai toujours pensé que ce commandant avait véritablement affaire à moi et que je lui avais été recommandé par la dame qui était venue un jour me demander une exemption de service pour son fils.

Je me suis repenti depuis de n'avoir pas répondu autrement, mais, durant mon séjour à l'ambulance de Satory, j'avais repris mon aplomb, j'avais raisonné sur ma situation et je m'étais fait un système.

Mon système consistait en ceci : ne rien dire sur moi jusqu'à ce que la fureur versaillaise fût passée, essayer de me faire réclamer par un de mes parents officier supérieur des chasseurs-à-cheval, et me garer de tout ce qui pourrait m'éloigner de Versailles où j'étais plus maître de mon action; quoi qu'il m'advînt, gagner du temps.

Je commençais donc à appliquer mon système au moment où la franche vérité eût pu me rendre service, je crois.

L'Orangerie était commandée par un jeune capitaine de manières distinguées, le capitaine Aubry. Il demanda s'il y avait des personnes qu'on fût venu réclamer. Plusieurs se nommèrent, et moi-même; comme il était vrai, en effet, que le commandant Boursier, mon parent, était déjà venu deux fois à Versailles pour essayer de me voir sans y être parvenu.

— « Ceux qui ont été réclamés » dit le capitaine Aubry « auront soin de se mettre d'eux-mêmes à part quand on formera les convois pour les pontons. »

LII

Nous sommes dans l'Orangerie qui est alors divisée en trois parties par des caisses à orangers. Dans la partie du milieu se trouve des gendarmes et des lignards. De chaque côté des prisonniers, à droite (en regardant la pièce d'eau des Suisses), les prisonniers vont presque jusque sous les dernières marches de l'escalier ; à gauche, il y a, avant l'escalier, un corps-de-garde de gendarmes, et au delà, sous les marches, dans un endroit obscur et infect, un dépôt de prisonniers réputés dangereux, endroit qu'on nomme déjà la Fosse-aux-Lions.

Je suis dans la partie de gauche, entre une ligne de caisses à orangers et le susdit corps-de-garde.

L'orangerie est un grand espace voûté, haut comme une église, sous la terrasse du château. Devant est un joli parterre sur lequel donnent de grandes baies vitrées. Le sol est d'un macadam usé d'où les pierres ressortent en pointes : c'est notre matelas. Nous sommes dans cette section une masse, quinze cents à deux mille.

Nous nous promenons comme des ours

dans leur cage. La promiscuité est atroce. Nous soulevons continuellement des flots de poussière. Il est ordonné de balayer cette poussière qu'on laisse en tas au milieu de nous. Ces tas sont fort recherchés pour s'asseoir ou se coucher. Au milieu de nous il y a des baquets dans lesquels on fait ses besoins, devant tous, et cela reste, immonde. On nous distribue toujours un pain pour deux, le pain de munition. On nous donne de l'eau dans des arrosoirs, mais nous en manquons souvent.

La nuit vient. Chacun cherche à se coucher où il peut, mais quand nous nous étendons tous par terre, nous sommes serrés comme des harengs en caque. On se cherche plutôt que de s'éviter, car il fait très-froid pendant la nuit. On se cogne donc les uns dans les autres, en chien de fusil, pour avoir chaud, mais comme les mouvements individuels ne deviennent plus libres, cette façon de se coucher donne lieu à la manœuvre suivante.

On forme une file de vingt à trente, on est emboîté les uns dans les autres. Celui qui est le premier fatigué d'être sur le flanc droit commande haut : « Flanc gauche ! » et il accompagne son commandement d'un coup de coude que l'on transmet à toute la file qui change de flanc, et ainsi quatre ou cinq fois par nuit.

Le résultat de cette promiscuité et de cette saleté (car n'ayant pas assez d'eau pour boire, on ne l'emploie pas à se laver), ce résultat ne se fait pas attendre. Je sens des démangeaisons sur le corps et je découvre des petits insectes blancs, longs, assez gros, et courant avec dextérité.

— « Qu'est-ce que c'est que ça ? » dis-je à mon voisin.

— « Ça, c'est des poux. »

Et ils pullulent ! me voilà couvert de vermine, pour longtemps !

Le matin, aussitôt que le jour paraît, on commence à balayer, c'est l'ordre. Au milieu des nuages de poussière les prisonniers se réveillent, on les aperçoit comme des ombres, qui s'étirent et se lèvent. Dante, mis avec nous, aurait revu l'Enfer, et y aurait ajouté un chapitre aussi nouveau qu'intéressant.

LIII

Je passe ainsi quatre jours, ayant soin, lorsqu'on forme le soir le long convoi qui part pour les pontons, de me mettre à part. Nous sommes une vingtaine qui jouons ce jeu-là. Mais plusieurs se désespèrent. On entend des prisonniers déclarer qu'on sera mieux aux pontons, qu'on couchera au moins sur des planches, qu'on aura un peu de viande, de la soupe, quelque nourriture chaude. Oh! quelque chose de chaud! un désir! un besoin! un rêve!

Notre nombre diminue tous les soirs de ceux qui se laissent tenter par les promesses de cocagne des pontons. Je tiens ferme. Cependant je ne suis pas gaillard. J'ai pu, heureusement, tandis que j'étais à l'ambulance de Satory, me faire acheter par un honnête infirmier un kilogramme de chocolat. Je me rationne. Je mange une tablette par jour avec mon pain; le chocolat m'aide à supporter le régime.

Ah! si seulement j'avais une couverture!

LIV

Le cinquième jour, on appelle aux malades. Je me risque et me présente. Je vois un gros jeune aide-major qui a bon sourire.

— « Qu'avez-vous ? » me demande-t-il d'un ton sympathique.

— « Je tousse. »

— « Mettez-vous là. Je vais vous envoyer à l'ambulance. »

Cet excellent aide-major, dont je parlerai plusieurs fois, se nomme Zuber (1).

L'ambulance! Ce nom évoque à mon esprit

(1) Il est aujourd'hui professeur au Val-de-Grâce.

une foule de délices! un lit, une tasse de tisane chaude, un peu de soupe chaude, peut-être!

Amère déception! On nous conduit simplement au bout de l'Orangerie, à droite, sous l'escalier. Il y a là de ces nattes que l'on étend l'hiver sur les plates-bandes pour les garantir de la gelée, et ce sont nos lits!

Hé bien, c'est encore du bonheur. Nous nous emparons de ces nattes, nous nous couchons sur l'une, nous faisons d'une autre une couverture, nous avons un peu chaud. O paille! ils ne me comprendront jamais ceux qui ont pu coucher chacune de leurs nuits sur une couchette moelleuse entre deux bons draps blancs!

LV

Nous sommes quatre. Ce qui nous sépare des autres c'est toujours une rangée de caisses à orangers. Les autres! Quels pauvres diables! Ils n'ont pas de paillassons.

Notre nombre augmente assez rapidement. Ce brave aide-major Zuber octroie le plus de paillassons qu'il peut. Un jour même il nous baille une bouteille d'alcool et une bouteille de vin de quinquina.

Devant la porte, des lignards font la soupe. Nous entrons en relations avec eux peu-à-peu, mais non tout d'un coup. Il est défendu dans les commencements de regarder dans le jardin, et comme je m'avise un jour de sortir le nez, la sentinelle qui est de l'autre côté m'envoie un coup de baïonnette qui heureusement ne traverse que le châssis à un doigt de ma tête. Mais avec le temps on s'humanise. Et moyennant cinquante centimes nous parvenons quelquefois à nous procurer une pleine gamelle de soupe. De la soupe, de la soupe au choux, de la soupe qui est chaude ! Vous ne saurez jamais combien c'est bon quand trois semaines durant on n'a mangé que du pain sec et qu'on n'a eu que de l'eau à boire. C'est peut-être aussi bon que de manger quand on n'a rien mis sous sa dent depuis trois ou quatre jours. Je ne remerciai pas les soldats qui nous passaient de leur soupe, parce qu'ils ne la donnaient pour rien et qu'ils ne nous montraient nulle sympathie, mais le service qu'ils nous rendaient n'était pas moins réel. Quelques-uns des gendarmes qui étaient là nous donnaient aussi de la soupe. L'un d'eux nous disait souvent : « C'est joliment bête tout ce qui est arrivé et que nous nous soyons battus; » il est vrai que certains autres montraient moins d'aménité.

Quelquefois, le capitaine Aubry passe une inspection. Il est excessivement poli. Nous parlons des événements, de Rossel qui n'est pas encore arrêté; à ce nom un éclair de colère passe dans ses yeux : « Je vous lâcherais tous pour tenir Rossel » nous dit-il.

Un jour, on nous distribue des bottes de bonne paille fraîche. Ah! la paille! comme c'est doux, comme c'est moelleux, comme on

enfonce là-dedans et comme on se dorlote !
Nous nous arrangeons une litière auprès d'un
treuil et avec nos nattes nous nous faisons une
couverture sous laquelle nous nous engouffrons le soir. Avec moi est un ancien élève de
l'école de Strasbourg (1) auquel Zuber a confié
la pharmacie, c'est-à-dire le vin de quinquina
et l'alcool. De temps-en-temps il m'offre un
verre de quinquina antiréglementaire. Les
autres s'en plaignent et disent que nous buvons le quinquina des malades ; c'est vrai en
ce sens que nous buvons deux ou trois fois
ce qui nous est octroyé, mais faux en ce sens
que nous ne privons aucun des camarades
de la ration prescrite. Ce que nous faisons
n'est pas bien, strictement, mais on devient
d'un égoïsme si farouche dans cette vie de
misère et de privation ! Viendrez-vous reprocher à des gens affamés sur le pont d'un navire de s'être jetés sur la viande ou sur le
morceau de petit mousse sans s'inquiéter de

(1) A Paris maintenant.

leur voisin? C'est un peu notre cas. Moi, pour sentir un peu de chaleur à l'estomac, il y a des moments où j'eusse fait des bassesses, et je crois vraiment que si je n'en fis pas, c'est que l'occasion ne s'en présenta point.

Je pouvais cependant me faire acheter quelques provisions, du saucisson, du chocolat, mais tout cela était froid. Plus tard, je pus me procurer un peu de vin. Le vin à seize! Voilà encore une chose exquise!

Au bout de trois semaines, on nous distribua de la viande de bœuf conservée. C'était encore les conserves du siège qu'on nous faisait manger. Ont-elles duré ces conserves devant lesquelles on avait affamé Paris, ont-elles duré!

Nous avions ainsi notre régime. De la paille, des nattes (nous étions bien heureux d'être arrivés premiers et d'avoir des nattes, les derniers arrivés n'en avaient pas et nous excitions leur jalousie), de la viande de conserve, une boîte d'un kilogramme pour seize personnes, un pain de munition pour deux, et moyennant notre argent quelque charcuterie et du vin.

Notre paille, à la vérité, était réduite en fumier; elle n'en était que plus élastique; mais quelle vermine! Les petits pous blancs et guillerets qui pullulent avec une admirable fécondité, ne faisaient qu'embellir. Tous les matins, j'avais recours à des lotions d'alcool, je détruisais une quantité considérables de ces aimables parasites qui frétillaient sur mon corps comme carpillons sur herbe, mais ces destructions ne faisaient qu'exciter leur rage de reproduction. On en prenait son parti, et si quelquefois ils s'établissaient sur le pain, il ne fallait point faire le dégoûté.

On s'habitue à tout. Tels que nous étions, nous faisions des petits établissements. On se mettait à tailler le bois, à tresser la paille, à inventer mille métiers. Quand je pense qu'il y a des imbéciles qui ont regardé le peuple français comme devant être maintenu par une main de fer, tandis qu'il n'y a pas de peuple plus gouvernable et qui s'accommode mieux des situations qu'on lui fait, pourvu qu'on favorise son initiative plutôt que de la contrarier... Ce qu'il s'est créé de petites industries dans cette Orangerie est incroyable ! On y fit de vrais chefs-d'œuvre. Mais on avait beau s'ingénier pour ne pas s'ennuyer, l'ennui vous prenait, et avec lui l'inquiétude de l'avenir, car, quelquefois, un journal venait nous apprendre qu'on serait sans pitié pour nous et que nos espérances d'amnistie menaçaient fort d'aller rejoindre notre feuille de laurier.

Je vivais ainsi depuis plus d'un mois et demi et je pensais m'habituer au régime quand je fus tout-à-coup saisi par la fièvre. Je me couchai sur mon fumier, et, comme Job, j'attendis.

Zuber, qui me vit dans cet état, ne voulut pas me laisser à l'Orangerie.

— « Hé bien, mon pauvre Monteil, » me dit-il « ça ne va pas. Je vais vous envoyer à l'hôpital. »

Deux lignards vinrent me prendre, me soutinrent, me transportèrent à l'Hôpital-militaire, près de là. Je vois les rues, le monde, j'entrevois la liberté. Je croyais que c'était pour la dernière fois.

TROISIÈME PARTIE

L'HOPITAL-MILITAIRE — PASSAGE
A L'ORANGERIE — L'AMBULANCE DE SATORY
LES CHANTIERS

LVI

On me mit dans une première salle. J'entendis des sœurs dire: « Ce pauvre jeune homme! » Un médecin vint suivi de ses élèves, et je bus une tisane chaude. C'est tout ce dont je me rappelle.

Je demeurai là deux jours et on me fit passer dans une grande salle largement éclairée des deux côtés. Oh! cette salle! J'y arrive à la tombée de la nuit. A ma droite est un jeune homme qui va constamment sous lui, pâle, déjà cadavre. A ma gauche un homme qui agonise. En face de moi j'entends des râles. Partout des plaintes et des gémissements. La nuit, une lampe éclaire cette funèbre demeure. Les sœurs passent, puis les infirmiers. C'est mon voisin de gauche qui meurt d'abord, après deux ou trois soubresauts terribles. Un infirmier passe et dit:

— « Claqué. »

Il appelle un camarade.

— « Enlevons-le tandis qu'il est chaud. »

Ils l'enlèvent.

Les cris redoublent. Le râle d'un mourant, en face de moi, s'éteint doucement. Je vois cet homme aux traits rudes. Il réunit ses forces et s'arrange pour mourir plus commodément. Il s'étend lui-même, bien à plat, prêt à entrer dans le cercueil. C'est son dernier effort. Je n'entends plus rien. Les sœurs passent et lui ferment les yeux. Les infirmiers leur succèdent. Ils rejettent les couvertures, prennent le mort avec le drap qui est sous lui, impriment au cadavre un mouvement oscillatoire, et, en riant, l'enroulent dans le drap et l'emportent.

C'est le tour de mon voisin de droite de mourir. Il tourne vers moi un œil déjà vitrifié. Il tend un bras décharné.

— « A boire » murmure-t-il.

Et moi, pelotonné dans mes couvertures, tremblant de fièvre, je ne lui donne pas à boire, et j'avais un pot de tisane sur ma table et je pouvais le lui tendre ! Alors, ce pauvre garçon a un regard désespéré, le dernier, car il pousse un gros soupir, et c'est fini.

Les infirmiers viennent l'enlever.

— « En voilà un qui a souffert ! » dit l'un.

— « S'est-il vidé avant de crever ! » dit l'autre.

Ils tirent de mon côté ce cadavre dégoûtant d'ordure. Le corps s'affaisse. Un infirmier le relève et le jette dans les bras de l'autre, comme une balle. Ils l'emportent. Le cadavre est remplacé par un moribond. A celui-là on fait la section d'une cuisse le lendemain et on le rapporte. Il meurt de la pourriture d'hôpital. Et dans cette salle, dans cette salle où il y a une dizaine de lits, où je demeure quatre jours, tous ces malades renouvelés, sauf trois, meurent les uns après les autres. Mes oreilles tintent encore du cri des mourants.

Mais le matin du troisième jour, j'ai vu un infirmier faire pisser un malade dans une assiette à soupe. Quand la sœur vient me distribuer la portion de soupe qu'on m'a ordonnée, je m'écrie :

— « Je n'en veux pas, parce que les infirmiers font pisser les malades dans les assiettes. »

La sœur répète ce que je dis. Mes paroles

font événement. L'intendant vient me demander si c'est vrai. Je répète ce qui est véritable, en effet. Le médecin-major arrive suivi de ses deux aides-majors.

— « C'est vous » s'écrie-t-il « qui dites que mes infirmiers font pisser les malades dans les assiettes. Il n'y a pas un infirmier capable de ce fait-là. Si vous tenez encore un propos semblable, je vous renvoie de l'hôpital, vous m'entendez. »

— « Voilà ce que c'est que le militaire. » dis-je en moi-même. « Le bon soldat doit souffrir et se taire sans murmurer. »

— « Pauvre jeune homme, » dit une des sœurs « il a la fièvre. Ça lui aura troublé les yeux. »

Le médecin-major s'approche de ma pancarte sur laquelle est mon nom et ma qualité de rédacteur du *Rappel*. Il se radoucit à cette vue.

Le lendemain il m'aborde doucement et me dit :

— « Je vais vous faire mettre dans une autre salle où vous serez mieux. »

Je suis transbordé dans une salle où il n'y a que cinq malades, pas de pourriture d'hôpital, où personne ne meurt, et où je me rétablis assez promptement.

LVII

Il y a cependant à côté de moi un homme qui ne tardera pas à mourir, mais quand j'aurai quitté la salle ; il y a un Dauphinois, un artilleur, qui guérit; un malade dont le dessus de la main a été enlevé par un éclat d'obus, main dont on fera bientôt la section; et un enfant de quatorze ans qui a eu la jambe cassée et essaie ses béquilles et sa jambe de bois.

Le docteur me prescrit la côtelette, les légumes frais, la soupe. Je reviens à la vie.

Le médecin-major montre à mon endroit plus que de l'obligeance. Il se nomme Dujar din-Beaumetz. Il a comme aide-major un nommé Denis, un garçon brun qui est fort brutal et ne cache guère les sentiments de haine que nous lui inspirons ; l'autre aide-major est un garçon doux, aimable, honnête et bon.

Dujardin-Beaumetz m'aborde au bout de quelques jours et me dit : « Vous êtes maintenant convalescent. Je vais vous faire passer dans une salle où vous serez mieux encore. »

LVIII

Me voici dans la salle nouvelle. Il y a une dizaine de personnes que le docteur a choisies et auxquelles il laisse passer là quelques jours dans des conditions meilleures que celle des prisons. Je vois d'abord un visage de connaissance, c'est le père du colonel Henry, Prodhomme, que j'ai vu plusieurs fois à l'École-militaire. Je ne connais pas les autres, mais j'ai vite fait connaissance avec mon voisin de lit, Fourmage, qui est devenu mon ami et a prouvé son dévouement pour moi (1). C'est encore un autre brave et excellent homme, Astruc (2), puis Kratz (3), un colosse. D'autres encore sont là, mais avec lesquels je me lie moins.

Tous les jours la sœur et la fille de Prodhomme viennent le voir et nous apportent, avec l'air de la liberté, des journaux; elles remportent nos lettres.

Par les fenêtres, nous apercevons un coin de la place d'Armes changé en parc d'artillerie et un bout de l'avenue de Paris, il n'en faut pas tant à des prisonniers pour qu'ils sentent un peu de joie.

Le personnel de cette salle change peu. Je vis là un singulier type du nom de Polhès qui s'était entremis entre Thiers et la Commune dans le but de sauver les papiers de

---

(1) Possède aujourd'hui une bonne imprimerie et est vice-président de la Chambre des imprimeurs en taille-douce.
(2) Aujourd'hui à Paris, employé dans les vins.
(3) Aujourd'hui à Paris, entrepreneur de charpentes.

Thiers moyennant finances. Il avait vu Fontaine au Garde-Meuble, avait palpé les papiers, disait-il, les papiers de Thiers, mais il était fort menteur et n'inspirait guère confiance. Il fut relaxé plus tard. Un jour cependant arrive le capitaine Bouvier qui fut condamné à la déportation ; le capitaine Serret de Lanoze, manière d'énergumène et de tortionnaire qui succéda au capitaine Aubry dans le commandement de l'Orangerie, lui a broyé les poignets et cassé les reins. J'ai déjà raconté cette histoire dans mon *L'An 89 de la République :* Bouvier avait eu un accès de fièvre chaude et s'était mis à crier sous les voûtes de l'Orangerie. Serret de Lanoze (1) l'avait fait saisir, on lui avait lié les poignets en les serrant jusqu'au sang (j'ai vu les marques des cordes), on l'avait attaché à une caisse à orangers et les gendarmes l'avaient

(1) Il paraît que ce Lanoze commande en Algérie un dépôt de disciplinaires. Il doit se passer de drôles de choses, là-bas.

battu avec les baguettes de fer des fusils jusqu'à ce qu'il se trouvât mal. Il fut envoyé ensuite à l'hôpital (1).

Un autre jour, Dujardin-Beaumetz vient et nous dit :

— « On va amener un homme d'un grand talent, un ancien prix de Rome, François Chifflart, qu'on a stupidement enfermé depuis plusieurs jours dans un cabanon, en bas. Je vous prie, messieurs, d'en avoir grand soin, d'avoir pour lui les plus grands égards. »

Chifflart arrive, et au bout de vingt-quatre heures, il riait avec nous; ce grand artiste était sauvé.

Car nous riions. Au milieu des ennuis, avec des sentinelles à nos portes, en prison, nous nous amusions. Nous avons passé là un mois presque agréable. Le docteur, quoiqu'il n'eût la permission d'accorder des côtelettes que

(1) Bouvier, condamné à la déportation, à été maître d'école en Nouvelle-Calédonie. Il tient une agence à Paris. Il porte toujours les marques du traitement que Serret de Lanoze lui infligea.

dans la proportion d'une par dix hommes, nous en donnait à tous, nous avions les quatre rations de vin, un plein verre, la plus forte portion qu'on nous pût octroyer, nous étions des enfants gâtés. Ce docteur Dujardin-Beaumetz soignait du reste les communards avec une conscience et une attention scrupuleuse, et c'est un nom qui restera cher à la mémoire des malheureux auxquels il donna ses soins.

J'ignore s'il nourrissait de la haine contre nous, il me plaît de croire qu'il n'en avait point, mais s'il en avait, il la laissait à la porte de son service et le médecin seul y entrait. C'était un homme digne du nom d'homme (1).

Il était secondé par deux sœurs, dont l'une que nous appelions la sœur Gniangnian à cause de sa voix, était insignifiante, mais dont l'autre, aux yeux noirs et vifs, la sœur Clotilde, avait pour nous de véritables tendresses. Elle fournissait quelquefois une ration de

(1) Il est devenu médecin-major de la Garde-républicaine.

pain supplémentaire aux forts appétits. Voilà une sœur dont le nom a été béni des communards !

Nous avions d'autant plus de nouvelles du dehors que Courbet était dans la salle à côté. Il nous racontait ce qui se passait au Conseil-de-guerre. Le malheureux Lisbonne (1) arriva aussi dans la salle voisine. On le ramenait de l'ambulance de Vincennes. Il avait reçu une balle dans la jambe.

— « Mais, » dit le docteur « quand il vit la plaie, qu'est-ce qu'on vous a fait ? il y a là plus qu'une balle. »

— « Non, » répondit Lisbonne « mais à l'ambulance de Vincennes le médecin me donnait des coups de bistouri dans la plaie. »

— « Monsieur, » dit le docteur « ceux qui ont fait cela sont indignes de se dire nos confrères. »

---

(1) Aujourd'hui directeur du théâtre des Bouffes-du-Nord.

LIX

Nous avions appris que dans une salle du premier, se trouvaient Vermorel, Maroteau (1) et Gromier (2). Vermorel mourut dans les premiers jours de mon arrivée à l'hôpital.

Le Gaulois et les journaux réactionnaires s'écrièrent qu'au dernier moment il avait appelé un prêtre. Le fait était faux, nous le sûmes. Nous en parlâmes avec l'aumônier des communards qui nous visitait tous les jours et nous l'invitâmes à démentir le fait, ce qu'il fit par une lettre que *le Gaulois* cacha dans ses faits divers.

Cet aumônier était un père capucin à l'air joliment canaille et qui sentait épouvantablement mauvais. Muni d'une lettre d'un de mes parents de Caen, Le Roy, dont j'ai déjà parlé,

---

(1) Mort en Nouvelle-Calédonie.
(2) Aujourd'hui en Italie.

qui le priait de s'intéresser à moi, il voulut me catéchiser, mais s'apercevant vite qu'il perdait son temps, il changea de ton et ne vint nous voir que pour rire, ce qu'il faisait de bon cœur, car c'était un paillard de moine.

Le même parent m'avait fortement recommandé au député Bocher qui voulut bien venir me voir et me servir ainsi qu'on le verra plus loin.

Je reçus aussi une bonne visite de l'aide-major Zuber.

Voilà ce qui marqua mon passage à l'hôpital-militaire.

LX

Nous apprîmes un beau matin que le docteur Dujardin-Beaumetz nous quittait. Il y avait longtemps qu'on le desservait, qu'on prétendait qu'il soignait mieux les communards que les soldats et qu'il ruinait l'hôpital en côtelettes. Il fut remplacé par un grand bel homme nommé Thierry de Maugras qui, du premier coup, supprima notre vin, nos côtelettes et nous annonça qu'il allait nous mettre à la porte.

Comme je me portais bien, j'écrivis au médecin de l'ambulance de Satory pour lui demander un lit et il eut l'obligeance de me répondre qu'il me verrait avec plaisir dans son ambulance.

J'allais, malheureusement, me séparer de mon ami Fourmage. Chifflart, après avoir reçu la visite de Léon Cogniet, avait été vitement interrogé et était parti; le père Prodhomme avait eu aussi une ordonnance de non-lieu et nous l'avions salué jusqu'à l'avenue de Paris. Fourmage seul allait rester et j'eusse voulu demeurer avec lui.

Mais l'ordre vint. Il fallut déguerpir.

On nous rassembla à cinq : Courbet qui venait d'être condamné par le Conseil-de-guerre, Maroteau, Gromier, moi, et un nommé d'Épailly, Dépailly ou Épailly, qui était un grossier personnage, se déclarait bonapartiste et avait dans son portefeuille des lettres des plus gros bonnets du bonapartisme à lui adressées. Nous fûmes mis entre des gendarmes et envoyés à l'Orangerie.

LXI

Pendant un mois et demi qu'avait duré mon absence, l'Orangerie avait changé de caractère. L'infirmerie avait disparu, et on avait formé trois grandes sections, plus la Fosse-aux-Lions. Dans la première section on avait placé les plus gentilshommes d'entre les prisonniers. Quand on apprit qui nous étions on nous plaça dans la troisième qui était la plus mal famée.

L'arrivée de gens qui apportaient des nouvelles du dehors et de Courbet qui venait d'être condamné excita une certaine émotion à l'heure de la promenade dans une allée du jardin.

Tout-à-coup on nous fait rentrer brutalement et dès que nous sommes dans la section, nous voyons arriver un homme sec, nerveux, aux yeux allumés, suivi d'un lieutenant et d'un maréchal-des-logis, qui s'écrie :

— « Où sont-ils les nouveaux? où sont-ils ? »

C'est le capitaine Serret de Lanoze. Nous sommes tous près de la porte d'entrée. Nous nous présentons.

Le capitaine s'écrie :

— « Qu'est-ce que c'est? On m'apprend que vous faites des concilianbules *(sic)*. »

Courbet qui n'a pas compris, dit :

— « Comment, monsieur le capitaine ? »

— « Je dis » reprend Serret de Lanoze « que vous faites des concilianbules *(sic)*. Je vous défends de parler à personne. Si on voit ici un groupe de plus de deux personnes je donne ordre qu'on tire dessus. Et puis j'ai le moyen de vous mater, vous savez! »

Il se retourne vers les gendarmes :

— « Vous savez, au moindre groupe, tirez, je vous l'ordonne. »

Il pirouette et part.

On nous apprend à voix basse qu'en effet Serret de Lanoze ne manque pas de moyens de coercition, qu'il fait attacher durant des journées entières des hommes aux caisses à orangers, qu'il les fait mettre aux fers et quelquefois battre de verges. Puis on me raconte les supplices de la Fosse-aux-Lions où les hommes sont dans un lieu obscur, sans air, obligés de faire leurs ordures là où ils sont, couchant depuis des mois dans cette infection, sans paille dans cet amas d'immondices.

Qu'est-ce que ce supplice doit être! Un prisonnier qui y a passé quinze jours me montre qu'il a sur le corps des croûtes et des plaques purulentes. Ces croûtes, je sais ce que c'est: pour être demeuré seulement deux jours assis dans la boue à Satory, il m'en est venu plein les reins. Dans quel état doivent être ceux qui sont dans la Fosse-aux-Lions depuis des mois!

Il y en a deux qui sont morts dans la fosse, me dit-on.

LXII

Le lendemain matin, je me présente à la visite de l'aide-major Zuber. Je lui demande de m'envoyer à Satory et lui montre la lettre du docteur Hatry qui dirige cette dernière ambulance. Il m'envoie d'abord dans la première section où je trouve les gens installés et confectionnant des bibelots. Je demeure là jusqu'au soir et m'en vais, accompagné d'un seul gendarme, à Satory.

LXIII

Heureusement, je ne couchai pas à l'Orangerie : je m'étais débarrassé de ma vermine et j'en eusse de nouveau été couvert. On avait passé mes vêtements à des fumigations de soufre, on en avait fait un paquet bien serré poudré d'une quantité prodigieuse d'insecticide; au bout de quinze jours il y en avait qui frétillaient encore, mais enfin... Ah! ces bons petits moutons des pâquerages humains ont la vie dure !

Je revois donc cette ambulance où j'ai passé des nuits si horribles et si terribles. Palsambleu! c'est devenu un palais. Il y a des lits, de vrais lits en fer, des châlits. Une cloison en planches sépare les femmes des hommes, elles ont une petite cour fermée, c'est très-convenable. Les infirmiers seuls pénètrent chez elles, ainsi qu'un vieux médecin, un singulier type, fort laid, qui apprend les odes d'Horace depuis le matin jusqu'au soir et se les récite à lui-même avec une évidente satisfaction. Ce médecin a sa femme de l'autre côté et comme son lit touche la cloison, il y a pratiqué une petite ouverture à travers laquelle on voit quelquefois une main lui prodiguer les plus tendres caresses.

Ce ne sont pas les types qui manquent, mais je n'en médis point.

LXIV

Je remercie le médecin-major qui dirige l'ambulance de l'obligeance qu'il a eue de m'offrir un asile. Ce médecin est assez froid et assez railleur, je crois qu'on ne s'en plaint pas généralement quoiqu'il adore charcuter ; pour moi je déclare qu'il a été excellent et courtois.

Je suis au lit.

A côté de moi est Préau de Vedel dont je n'ai pas grand'chose de plus à dire que ce que j'ai dit dans ma brochure l'*Exécution de Gustave Chaudey*.

J'eus bientôt la joie de voir arriver mon ami Fourmage qui se plaça à côté de moi. Assez souvent Préau se promena avec nous et nous l'estimions pour l'amour que visiblement il portait à sa mère, mais quand nous sûmes qu'il avait été condamné pour abus de confiance, nous fûmes plus réservés à son égard.

Il avait des maux de reins et le major Hatry le brûlait au fer rouge.

— « Cette opération doit vous faire mal ? » lui demandai-je un jour.

— « Plus, je crois, que des balles », répondit-il.

Il ne doûtait point de sa mort prochaine. Il nous racontait la façon dont se passait son instruction.

— « J'ai demandé, aujourd'hui, à mon officier instructeur son nom. Il me l'a dit et a ajouté : Il n'y a pas à s'y tromper, je suis le plus petit des officiers de la ligne, si c'est pour me faire fusiller... J'ai protesté. Oh! ils m'en veulent. Quand cet officier est venu me chercher tantôt, il a causé avec le major, j'ai surpris un coup-d'œil entre eux qui voulait dire : quand le faites-vous fusiller ? »

Nous tâchions de le consoler, de lui donner de l'espoir. Il disait : « Ma pauvre mère ! » et on n'en tirait rien de plus. Il partit avant moi de l'ambulance.

LXV

Je me promenais plutôt avec Fourmage que je connaissais, dont j'étais sûr, qu'avec d'autres. C'est fâcheux à dire, mais il existait des mouchards parmi nous. Et puis il en était dans les yeux desquels on lisait trop clairement que c'étaient des coquins. Le public de l'ambulance était mêlé. Il y avait des ouvriers qui travaillaient dehors et qui rentraient le soir reprendre leur chaîne, des petits enfants qui, presque tous, avaient des croûtes produites par la gale, et enfin d'autres personnes que je fréquentais peu ou prou.

Il y avait le père de Paschal Grousset, ancien censeur de lycée, qui ne quittait guère le lit, et le jeune frère de Grousset : on les retenait là parce qu'ils étaient le père et le frère de Paschal. Celui-ci vint dire adieu à son père et à son frère, à l'ambulance, avant son départ pour la Calédonie. Quand Paschal fut déporté, on jugea qu'on pouvait relâcher les Grousset. Le père était un vieillard à favoris blancs, très-convenable, mais sobre de paroles ; le jeune frère était joli garçon, avait un visage poupin.

Deux hommes, qui faisaient pendant aux Grousset, c'étaient les Rigaud, le père et le fils. L'histoire de leur arrestation était singulière. Les soldats étaient arrivés chez eux : — « Vous vous nommez Rigaud ? » — « Oui. » — « Alors vous êtes Raoul Rigault. » — « Pas du tout. » — « Si, puisque vous vous nommez Rigaud. » Et on avait arrêté le père et le fils Rigaud, on ne les avait interrogés, et on les gardait ; et voilà ce que c'était que de s'appeler Rigaud, on ne s'en tirait qu'avec quelques mois de prison, jusqu'au jour où, comme vous n'aviez rien été dans la Commune, on consentait à vous relaxer sans excuse.

Il y avait un prêtre polonais en bourgeois et un autre prêtre, aussi en bourgeois, l'abbé

Périn. Cet abbé Périn était un fameux sceptique qui parlait souvent de ses belles pénitentes, et dont les yeux brillaient rien qu'en entendant parler des femmes qui étaient à côté, quoique... Mais en dehors de son appétit concupiscible et de son égoïsme excessif, il savait dauber à bras raccourcis ses camarades les curés. Je ne me souviens pas très-bien, mais il me semble que c'est dans la sacristie de Saint-Ambroise que les curés étaient tombés sur lui et l'avaient proprement retroussé et fouetté, à ce qu'il racontait. « Au fond, » disait-il « je suis bien heureux d'avoir été fait prisonnier par les Versaillais, car mon curé m'aurait assassiné. »

Lisbonne fut aussi amené là. Il faisait groupe autour de lui et racontait des histoires de la Commune suffisamment dégoûtantes.

Le colonel Faltot, qui avait commandé à Vincennes, promenait son ruban de la Légion-d'Honneur qu'il avait gagné à Montretout et refusait de le quitter. C'était un homme doux, bon, incapable, je crois, de mal faire. Le Conseil-de-guerre fut dur pour lui. On le condamna à la déportation dans une enceinte fortifiée, ce fut un *blindé*, et on le raya des contrôles de la Légion-d'Honneur. Son pauvre ruban ! Il l'avait teint pourtant, comme il le disait lui-même, de sang prussien.

Bermond était un mauvais peintre qui se mettait au mieux avec les autorités. C'est sur un tableau de lui qu'a été faite la vue de l'ambulance contenue dans ce livre. Il avait une famille d'aspect charmant qui venait le visiter.

Delmary était un artiste qui avait parcouru l'Inde en musicant. Il était protégé par le général Schmitz.

Casimir Henricy se trouvait là, puis Franck, l'ancien aide-de-camp de La Cécilia.

On avait mis avec nous des pompiers et des soldats du 110ᵉ de ligne qui étaient restés à Paris sous la Commune.

Ces soldats du 110ᵉ avaient, à l'entrée des troupes, été reversés dans leur régiment, mais on s'était repenti d'avoir mis des Parisiens en contact avec des ruraux et on les avait emprisonnés avec nous. Ceux qui étaient à l'ambulance nous racontaient ce qu'ils avaient vu et entendu à leur arrivée au régiment. Les soldats avaient tous plusieurs paires de bottes, du linge, des chaînes, des montres et beaucoup d'argent. Ils disaient : « — Combien en as-tu fusillé? — Cinq. — Six. — Moi plus de vingt. — As-tu vu cette femme dont j'ai ouvert le ventre et qui avait un enfant dedans? — Cet enfant qui a voulu se sauver, je lui ai rien cassé la patte, etc. »

L'un des soldats du 110°, jeune garçon, Blanadet (1), me raconta ceci : « J'ai été arrêté boulevard Voltaire et conduit à la Roquette. J'y fus employé toute la nuit du 27 au 28 à relever les cadavres de ceux qu'on fusillait. Il y avait à la Roquette une compagnie de fusiliers-marins. Le capitaine qui la commandait, aidé dans sa tâche par un

(1) Aujourd'hui graveur sur bois, à Paris.

prêtre (1), dévisageait les gens et les faisait passer à droite ou à gauche sur leur bonne mine. Ceux qui passaient à droite étaient par fournée de dix amenés dans la cour devant les fusiliers marins qui tiraient sur eux à volonté. Quand ils étaient morts, les marins se précipitaient sur les cadavres, prenaient leur montre, leurs bagues, leur argent, et on nous faisait signe de les emporter en dehors de la prison dans la rue, où nous les tassions. A partir du jour suivant on amena des tombereaux et des fourgons dans lesquels on jeta les cadavres chauds ou froids. »

— « A combien, demandai-je, estimez-vous le nombre des fusillés ? »

— « Quand j'ai quitté la Roquette, après trois jours, il y en avait déjà plus de treize cents, et ça continuait. »

Le général Okolowicz habitait au fond du dock. Il avait été blessé à la jambe, mais il

(1) Ce prêtre était l'abbé Lamazou dont la République a fait depuis un évêque.

était presque guéri. Il s'était fait raser de frais, redressait sa taille, prenait une allure vive : « Je marche bien droit, n'est-ce pas, Monteil ? » me disait-il.

Il recevait souvent la visite d'une personne que l'on appelait « la comtesse ».

Or, un matin, le major Hatry faisant sa visite quotidienne, je fus extrêmement surpris de le voir passer près des lits du premier rang en prononçant la même formule : « Sortant, » mot redoutable pour ceux qui se trouvaient confortablement à l'ambulance. Arrivé à mon lit, le major s'arrêta. Je ne fus pas compris dans les listes de proscription. Au second rang M. Hatry en fit sortir un plus petit nombre, mais il renvoya les détenus ouvriers.

Un grand émoi régnait parmi nous. Qu'y avait-il ? Nous le sûmes bientôt : le général Okolowicz s'était évadé. Et il s'était évadé avec un pantalon garance et un képi de lieutenant, boutonné dans son pardessus. Les sentinelles lui avaient porté les armes et il avait dit aux soldats: « Bonsoir, mes enfants. » Jugez de la colère des gardes!

Le capitaine Mauduit, qui commandait à l'arsenal de Satory, le lieutenant Chauvet, le major Hatry, Scorazzo, l'aide-major, le lieutenant d'intendance Lory, son sous-lieutenant Bécu étaient dans une fureur bleue (1).

M. Hatry (2) en voulait d'autant plus à Okolowicz que, quelques jours auparavant, il l'avait renvoyé à l'Orangerie et qu'Okolowicz avait trouvé moyen de revenir juste pour s'évader. Le colonel Gaillard, le général Appert se donnèrent la peine de venir eux-mêmes sur les lieux faire une enquête. Quant à Okolowicz, on ne le rattrapa jamais (3).

(1) Okolowicz allait souvent manger et trinquer avec eux sous la tente qu'ils occupaient. Il leur promettait de les faire rencontrer avec des actrices, et, le jour de son évasion, il avait envoyé deux officiers, avec de fausses lettres, se casser le nez sur des portes de jolies femmes.

(2) A été nommé à l'hôpital-militaire de Lyon.

(3) Quelle odyssée que celle d'Okolowicz! Il vécut pendant plusieurs mois dans une échoppe de l'Ile-Saint-Denis,

Ce bon Henry Maret se trouva là aussi, et, plus tard, Charles Quentin qui eut le bonheur d'obtenir son ordonnance de non-lieu.

Quant à moi, on m'appela pour passer à l'instruction devant M. Brosselard, lieutenant au 26ᵉ de ligne.

On passait à l'instruction dans les pièces de la maison de la première cour, où on avait mis des femmes dans les commencements. Quand j'arrivai là, je dus attendre, celui qui se confessait avant moi n'ayant pas encore fini. Un capitaine qui se promenait de long en large m'aborda :

— « Est-ce avec moi que vous passez ? » me demanda-t-il.

— « Je passe avec le lieutenant Brosselard. »

— « Alors ce n'est pas avec moi. »

---

de la pêche à laquelle il se livrait, des racines qu'il déterrait, quelquefois de la viande que son chien volait aux étaux. Il put enfin passer en Belgique où il se mit à fabriquer des pots de craquelé genre oriental. Il est rentré en France à l'amnistie.

Et nous nous mîmes à causer familièrement. Nous parlâmes de la Commune.

— « C'est, » me dit-il « un soufflet que nous vous avons donné et que vous voudrez nous rendre. »

— « J'espère bien, » dis-je « qu'une pareille révolution ne se reverra jamais. Les révolutions, voyez-vous, monsieur, cela ne vaut rien, c'est toujours le sang du peuple qui en fait les frais, même lorsqu'elles réussissent. »

— « C'est vrai, » dit le capitaine « et c'est très-malheureux. Oh! nous vous jugeons et nous vous condamnons parce que c'est notre devoir, mais on ne tardera pas à proclamer une amnistie qui mettra fin à tout ça. »

Je saisis cette occasion de déclarer que tous les officiers croyaient à une amnistie prochaine et je suis persuadé que beaucoup de jugements eussent été plus doux, si on eût eu moins de confiance en la clémence.

Nous en vînmes, ce capitaine et moi, à parler de la Pologne et de l'insurrection de 1863. Je connaissais à fond une partie des événements de la Pologne, nous rappelâmes quelques souvenirs de l'un et de l'autre. Nous nous embarquons sur ce sujet avec le même feu, et au bout d'une heure nous nous séparons à regret à l'appel de mon nom.

J'entre. Je trouve derrière une table un grand lieutenant, jeune, à la figure ouverte et assez sympathique, secondé d'un sergent-major élevé à la dignité de greffier. Au milieu de la salle on a épargné un tronc d'arbre. Je m'asseois sur cette sellette.

Le cœur me battait fort.

Le lieutenant Brosselard me demanda si j'avais signé des ordres. Je commençai par nier, mais comme il en sortit immédiatement de mon dossier, mes négations furent prises pour ce qu'elles valaient, et, battant en retraite, je me renfermai dans le système de défense que j'avais adopté et qui consistait à me faire passer pour le plus simple des scribes.

M. Brosselard ne fut pas méchant. Il feuilletait mon dossier et je pus voir que des lettres avaient été interceptées et jointes à ce dossier. J'en ressentis un vif plaisir, car ces lettres faisaient partie de mon système de défense, et, au lieu de les faire mettre à la poste par les visiteurs ou les ouvriers, comme nous faisions pour les lettres que nous voulions sérieusement faire parvenir, je les avais envoyées par l'autorité militaire qui naturellement les avait gardées. Ces lettres étaient d'un poétique, d'un sentimentalisme admirable, je n'y parlais que de fleurs, de bois et de prairies : « Pensez » y disais-je « qu'il y a plus de trois mois que je n'ai vu une fleur ! » Cela fit très-bon effet sur mes juges : un poète ! Cet animal n'est pas méchant, pensèrent-ils, quoique.....

Les deux ordres principaux qui se trouvaient dans mon dossier étaient les ordres qu'on a vus plus haut, donnés au commandant Bocher et au général Guyet. Ils chiffonnaient le lieutenant Brosselard. Il me dit cependant : « Vous reconnaissez avoir porté l'uniforme, je ne puis donc vous donner une ordonnance de non-lieu, mais j'espère que ce ne sera rien. »

Je ne passai à l'instruction qu'une seule fois. Je restai fort anxieux. Mon ami Fourmage qui faisait aussi ses efforts pour être jugé vitement, n'était pas plus rassuré que moi. Nous philosophions, car que faire en prison à moins qu'on ne philosophie?

On chantait pourtant autour de nous. Des docks de la première cour nous était parvenue une chanson dont je vais transcrire ici les principaux couplets :

LA SATORYENNE

Air : *la Belle Dijonnaise.*

Dans trois docks entassés
  (Saute, gueuse,
  Communeuse !)
Dans trois docks entassés
Dix-huit cents fédérés,

Tremblant d'impatience
Rêvent dans le silence
Aux galons argentés
De leurs grades passés,
Et malgré leur malaise
Chantent *la Marseillaise* (bis).

Au camp de Satory
  (Saute, gueuse,
    Communeuse!)
Au camp de Satory
Nous sommes et Thiers rit.
Remplis de confiance
Les ruraux font bombance,
Et l'ennemi vainqueur
Sourit d'un air moqueur.
Elle est donc bien à l'aise,
L'Assemblée versaillaise? (bis).

Gaulois et *Figaro*
  (Saute, gueuse,
    Communeuse!)
Gaulois et *Figaro*
En chœur gueulent haro!

Ils nous disent : Crapule !
Mais dans la canicule
Les lâches, entre nous,
Font l'effet du vin doux.
Qu'elle en prenne à son aise
L'Assemblée versaillaise (bis).

Si nous eussions été
  (Saute, gueuse,
  Communeuse !)
Si nous eussions été
Les vainqueurs cet Eté,
Les mêmes journalistes,
Devenus communistes,
Chanteraient aux échos
Les faits de nos héros,
Et gausseraient à l'aise
L'Assemblée versaillaise (bis).

Que fera Gambetta ?
  (Saute, gueuse,
  Communeuse !)
Que fera Gambetta ?
Sera-ce un errata ?

Puisqu'il est comme un foudre
Il devrait bien découdre
Le ventre des ruraux
Et des gardes royaux.
Nous chanterions à l'aise
En chœur *la Marseillaise* (bis).

Le peuple citoyen
   (Saute, gueuse,
   Communeuse!)
Le peuple citoyen,
Du bonnet phrygien
Coiffant la République,
Dirait à cette clique:
« Allons! ruraux, chez vous
Allez planter vos choux.
Assez, ne vous déplaise,
D'Assemblée versaillaise (bis). »

Cette chanson avait beaucoup de succès. On y ajoutait chaque jour des couplets. Elle était longue comme de Paris à Pontoise, mais toujours parfaitement en situation.

Il arriva à l'ambulance un jeune garçon qui constituait un véritable phénomène. Il avait reçu sept balles et le coup de grâce. C'était un fusillé de quatorze ans. Il s'était trouvé que le coup de grâce au lieu d'être tiré dans l'oreille l'avait été à un doigt à côté, et qu'aucune des blessures n'était mortelle. C'était un vrai ressuscité. J'eus le bonheur de revoir mon ami Lemay qui avait été envoyé sur les pontons et avait obtenu une ordonnance de non-lieu après une longue et dure captivité.

On vint chercher Fourmage pour le conduire à la prison des Chantiers, et trois jours après je partis pour la même destination. Nous approchions de notre jugement. Je ne laissai pas sans regret la soupe et le bœuf que l'on mangeait régulièrement à l'ambulance et le lit où il y avait des draps, et même des couvertures... couvertures qui conservaient l'odeur des cadavres qu'elles avaient enveloppés.

LXVI

Il y a à Versailles une gare de chemin-de-fer dénommée les Chantiers. A cette gare appartient un vaste corps de bâtiment à deux étages qui sert de grenier. On avait transformé ce bâtiment en prison.

Chacun des étages se composait d'une vaste salle, dont le plafond était soutenu par des colonnettes en fer. Les prisonniers couchaient sur des paillasses faites de toile de tente. On sait que les tentes de campagne des militaires se composent de quatre morceaux, chacun de ces morceaux forme ce qu'on nomme un quart de tente, et chaque paillasse était formée d'un quart de tente, ce qui lui donnait un mètre cinquante de long, cinquante centimètres de large et environ quatre ou cinq centimètres d'épaisseur. Un point, c'est tout. Un mètre cinquante de longueur, cela ne suffisait pour personne, mais encore moins pour moi qui ai un mètre quatre-vingt-dix. Mes pieds allaient sur le plancher, ma tête reposait sur le paquet de hardes que je transportais avec moi, hardes avec lesquelles je devais passer devant le conseil-de-guerre. Je n'avais pas de couverture. Heureux ceux qui en possédaient. Nous étions fin d'octobre et les nuits étaient froides.

Les Chantiers présentaient un pittoresque aspect. D'une colonne à l'autre étaient étendues des ficelles sur lesquelles on étalait ses vêtements, on mettait le linge sécher, et qui figuraient assez bien l'étalage d'un fripier. En dessous, les paillasses, les malles, les paquets, les ustensiles de quelques prisonniers qui s'adonnaient à des petits métiers.

Au second étage, c'était encore plus pittoresque, parce que les prisonniers qui s'étaient créé des occupations et fabriquaient des boîtes, des tabatières, des objets en paille collée ou tressée, formant des mosaïques, ou des ouvrages de vannerie, qui dessinaient des souvenirs des Chantiers, faisaient des coteries, étaient nombreux. Et puis, il y en avait qui avaient dressé des rats, lesquels montaient à l'échelle, faisaient du trapèze et mangeaient dans la main, ou des moineaux qui tiraient les cartes aux aimables visiteurs. Oui, et voilà encore qui prouve que le Français s'arrange de tout et que l'homme n'est qu'un animal vivant sous les latitudes les plus diverses et propre aux conditions même les plus inhumaines, les plus barbares.

Je retrouvai là Fourmage et Astruc, ce bon Astruc, qu'on avait martyrisé à l'hôpital-militaire en lui versant de l'atropine dans l'œil, qui savait sa femme et son enfant dans la peine, qui souffrait, et qui était certainement un des hommes les plus honnêtes et les meilleurs que j'eusse connu. Nous fîmes la popote tous les trois.

Pour faire la popote, on s'adressait aux *cuisiniers*. A côté des tonneaux de vidange, les cuisiniers à la fois vidangeurs avaient établi des feux, et moyennant deux sous, ils se chargeaient de faire cuire ce qu'on leur apportait.

La nourriture des Chantiers, la nourriture réglementaire distribuée aux frais de l'État ne se composait que de pain et de soupe.

Il fallait donc se créer des plats supplémentaires. On achetait des morceaux de viande, des carottes, des oignons et l'on faisait son petit *frichti*. On pouvait se procurer un demi-litre de vin par personne, du vin à seize, un nectar. Nous popotions donc.

Astruc me raconta l'évasion de Jaclard qui avait eu lieu quelques jours avant mon arrivée. Cette évasion mérite d'être rapportée.

La prison des Chantiers était commandée par un lieutenant de lanciers nommé Marcerou (1). C'était une espèce de militaire petit-crevé qui avait, dit-on, la prétention de se faire payer en nature les grâces que lui de-

(1) Ce Marcerou a quitté l'armée et il est commissaire administratif dans une compagnie de chemin-de-fer.

mandaient les femmes et les filles des prisonniers, absolument comme le major Thierry de Maugras avait voulu faire payer à Mme Henry Maret la faveur de voir son mari à l'hôpital, ce que Mme Maret ne tut pas et qui fit tant de bruit qu'on mit M. Thierry en congé. Ce fat de lieutenant Marcerou qui faisait la belle jambe au milieu des communards, minaudant quelquefois et quelquefois leur donnant des soufflets, ne connaissait pas bien ses prisonniers.

Un matin, l'ex-colonel Jaclard se rase rapidement, s'habille, et va droit dans la petite logette où se tenait Marcerou.

— « Monsieur le lieutenant, » lui dit-il « je voudrais voir un-tel. »

— « Avez-vous un permis de la prévôté ? »

— « Non, lieutenant, je n'ai pas eu le temps d'en aller chercher un. »

— « Alors vous ne pouvez pas voir un prisonnier. »

— « J'avais pensé, lieutenant, qu'en m'adressant à vous... »

— « Je ne puis pas. »

— « Cependant... »

— « J'ai ma consigne. »

— « Lieutenant, je viens de loin, du fond de la province, il me sera impossible de revenir... »

— « Je vous dis que je ne puis pas. Allez à la prévôté. »

— « La prévôté est fermée à-présent. »

— « Hé bien, tant pis pour vous. »

— « Si vous y mettiez de la complaisance... »

— « Ah ! çà, je vous dis que je ne puis pas. »

— « Oh ! lieutenant, vous êtes le maître. »

— « Vous m'embêtez, je ne puis pas. »

— « Je vous en prie, lieutenant. »

— « Je ne puis pas, là ! Laissez-moi tranquille. »

— « Lieutenant, un bon mouvement. »

— « Ah ! vous m'embêtez ! Soldats, flanquez-moi cet homme-là dehors. »

Les soldats empoignent mon Jaclard et le

jettent à la porte. Jaclard n'en demandait pas davantage (1).

Cette évasion, au lendemain de celle d'O-kolowicz n'eut pas l'heur de plaire au lieutenant-colonel Gaillard et à la prévôté. On consigna les prisonniers. On les réunit au milieu de la cour. Le colonel Gaillard leur fit un discours. Le lieutenant Marcerou trouva que Lucipia (2) le regardait de travers (le malheureux Lucipia ne regarda jamais autrement, il avait la vue perdue), et j'ignore ce qu'il fit de maître à prisonnier, tandis que celui-ci tenait ses bras croisés. Finalement on en mit deux ou trois je ne sais où et on consigna les fédérés quarante-huit heures durant. La consigne privait les prisonniers de la cour et du

(1) Je n'ai presque rien voulu changer à un manuscrit écrit sous l'impression immédiate des événements et j'ai laissé subsister le récit de l'évasion de Jaclard qui avait cours parmi nous, mais je crois qu'il s'évada avec un permis de visite à un nom étranger. Il est revenu en France à l'amnistie.

(2) De retour de la Nouvelle-Calédonie, est entré dans le journalisme.

jeu de quilles. Le jeu de quilles était fréquenté. Amis Fourmage et Astruc, vous souvient-il de la façon dont nous jetions la boule?

Il y avait à la prison des Chantiers Élysée Reclus, le premier géographe de notre époque, tête austère, grands cheveux, farouche communard, voulant démolir les villes pour rebâtir des phalanstères (1). On le condamna à la déportation ; sa peine fut commuée en bannissement, grâce aux efforts des sociétés de géographie étrangères. Calvinhac, un jeune homme, nature d'étudiant aimant la bière et le vin, que l'on retrouvera bientôt. Le général Guyet, le fameux commandant de l'artillerie communarde qu'on allait acquitter! Le père Dacosta, professeur de mathématiques ; j'avais été son voisin de chambre au Quartier-Latin, et je l'avais souvent troublé dans ses calculs. Le fils Dacosta, Gaston, le secrétaire de Rigault qui allait être condamné à mort, et qui

---

(1) Habite aujourd'hui dans sa charmante propriété de Clarens, au bord du Léman.

avait une des têtes les plus repoussantes, répugnantes, que j'aie jamais vues. Et puis quoi ? La foule, soldats et officiers de l'insurrection.

Un jour, je descendais l'escalier auprès duquel on avait fait un parloir en mettant deux barres transversales qui éloignaient les prisonniers des visiteurs et au milieu desquelles se promenait un gendarme. J'aperçus Nadar qui était venu voir Reclus ; je connaissais à peine Nadar, mais je revis avec plaisir son franc visage et je lui donnai le bonjour. Il me reconnut et m'abordant aussitôt :

— « Quoi ! mon pauvre ami, vous aussi ! »

Et le voilà qui se penche vers moi et qui bien discrètement me dit :

— « Je ne suis pas riche, mais dites, dans votre position, on l'est encore moins, voulez-vous que je vous donne une pièce de cent sous ? »

Je n'avais pas besoin d'argent, je refusai, mais je ne puis dire quel bonheur j'éprouvai à entendre cette parole amie, cette offre obligeante dans un pareil moment et dans l'état moral où je me trouvais. Brave Nadar qui ne saura peut-être qu'en lisant ces lignes que je lui ai dû un moment de consolation dont je ne puis me souvenir sans avoir envie d'aller me jeter à son cou en lui criant : merci !

LXVII

Fourmage était inquiet, il allait passer au Conseil-de-guerre. J'étais anxieux aussi, car mon tour était proche. Je fus appelé dans une des petites baraques qui avaient été construites dans la cour et où les officiers de la justice militaire remplissaient leur office. Je fus bien étonné quand je vis le capitaine avec lequel j'avais eu, à Satory, la conversation que j'ai rapportée. Ce fut lui qui me remit ma citation à comparaître devant le cinquième conseil-de-guerre séant à Versailles, et j'appris par sa signature qu'il se nommait le capitaine Chrétien.

J'étais accusé de port illégal d'uniforme et de commandement dans les bandes armées.

LXVIII

Je n'eus plus qu'à préparer ma défense de concert avec mon avocat, un de mes vieux amis nommé Vallé. Je n'étais pas rassuré sur mon sort. Les jeux et le rire avaient fui. Je ne parlais plus, mais, comme la dinde de l'histoire, je n'en pensais pas moins.

QUATRIÈME PARTIE

LE CINQUIÈME CONSEIL DE GUERRE
LA MAISON DE CORRECTION DE VERSAILLES
UN VOYAGE EN CELLULE

LXIX

Ce fut le troisième jour du mois de novembre 1871 que se passa cet acte, un des plus graves de ma vie : ma comparution devant le cinquième conseil-de-guerre.

Le conseil siégeait à Versailles, dans le bâtiment des écuries. Il se composait d'un officier de tous les grades, colonel, commandant ou chef-d'escadron, capitaine, lieutenant, sous-lieutenant, et de sous-officiers, sergent-major et sergent, total sept juges.

Quand ce fut à mon tour de comparoir, un vieux grognard de sergent me fit sortir de la salle où nous attendions, et j'entrai dans le prétoire de la justice où je vis mon avocat Vallé, et tous mes amis, venus de Paris exprès, en compagnie de mes témoins à décharge ; je n'avais pas de témoins à charge.

Je ne vivais pas depuis trois ou quatre jours, et dans la salle où j'attendais qu'on m'appelât je m'étais promené fiévreusement, en proie à mille émotions plus désagréables les unes que les autres, car c'était ma vie qui était en jeu, la déportation était suspendue sur ma tête et n'avait rien qui me séduisît.

Cependant, quand je fus devant le conseil, je me sentis à mon aise, l'agitation cessa, l'émotion disparut. C'est là un des traits saillants de ma nature, j'ai des émotions à me rompre le cœur quand un danger va se présenter, mais quand je suis dans le danger même, quand le combat a lieu, je me trouve en situation, et la peur s'envole. En voyant mes juges, je ne me sentais nulle haine contre eux, j'étais tout disposé à être leur camarade et leur ami; il y a eu beaucoup d'officiers dans ma famille. Je me sentais bien à l'aise. Il y a eu aussi des magistrats dans ma parenté, mon grand-père, mon père étaient de robe, mais certes, je n'étais pas aussi calme, aussi « amis » lorsque la septième chambre du Tribunal de la Seine me jugea au bénéfice des petits-frères deux ans plus tard; pour ces juges, qui avaient des têtes ignobles, il faut le dire, je me sentais le cœur plein de fiel et de haine. Mais au cinquième conseil-de-guerre, pas du tout: j'eusse volontiers enfourché la barre et aurais dit aux officiers: « Allons-nous-en dîner ensemble. »

Je sentis aussi de la sympathie parmi mes juges. Y en avait-il vraiment? J'aime à le croire. Le chef-d'escadron qui était de la gendarmerie et un gros sergent me semblaient seuls être rébarbatifs. Le président du conseil était le colonel Charreyron, des chasseurs-à-cheval (1), et pour commissaire-du-gouvernement, je retrouvais le capitaine Chrétien dans lequel je sentais un allié. J'avais été averti que M. Bocher m'avait recommandé au colonel-président. J'étais donc dans les meilleures conditions.

Malgré cela, la lecture des deux fameux ordres au général Guyet et au commandant Bocher fit froncer les sourcils de mes juges. Je crus après cette lecture que la déportation simple me serait appliquée. Heureusement, un de mes parents vint déposer en ma faveur et me recommander à l'indulgence des juges : c'était un ancien officier supérieur de chasseurs, cela fit de l'effet sur le colonel, par

(1) Devenu général.

esprit de corps. Le capitaine Chrétien demanda pour moi des circonstances atténuantes. Mon avocat, enfin, déclara qu'il était depuis longtemps mon ami, qu'il n'avait pas à dire que je n'avais pas commis les délits visés, puisque je reconnaissais moi-même les avoir commis, que j'étais de bonne famille, et qu'il espérait que le conseil m'acquitterait ou m'appliquerait, au pis-aller, le minimum de la peine.

On le voit, on me jugea en famille, et ce fut heureusement pour moi. Le conseil se retira, on me ramena dans la chambre, car les jugements des conseils-de-guerre sont prononcés hors la présence de l'accusé, et je passai dans cette salle, en cassant les dalles de mes talons, un des plus mauvais quarts-d'heure de mon existence.

LXX

Oh! sentir que quelques personnes réunies tiennent votre existence entre leurs mains, sentir que l'on dépend fatalement d'un arrêt, et ne pouvoir intervenir et disputer son destin ! Oh ! rage ! L'angoisse me prenait à la gorge. Je suais. Et je devais attendre jusqu'au soir pour connaître mon sort, car il y avait trois affaires après la mienne, et on ne lisait les jugements aux accusés que le soir, quand tout était fini.

Mais le vieux sergent qui nous ouvrait la porte était d'humeur pitoyable.

— « Hum ! Hum ! » fit-il en tortillant sa moustache grise « vous savez ce que vous avez ? »

— « Non. Dites ! »

— « Hum ! vous n'avez que ce que vous méritez. »

— « Vous me faites mourir. »

— « Hum ! je ne dois rien vous dire ! Enfin... Hum ! Hum ! On n'a pas été trop méchant. »

Il referme la porte et tout-à-coup la rouvre.

— « Un an de prison » me souffle-t-il.

Un an de prison ! quel soulagement ! Oh ! bonheur extrême ! Je me mets à danser, je ne me tiens pas de joie !

LXXI

Le soir, on nous fit sortir de cette salle et on nous ramena dans la salle du conseil faiblement éclairée. La garde des dragons me présenta les armes, comme il est ordonné quand on lit les arrêts du conseil. J'étais très-fier de ces honneurs militaires, mais je me serais volontiers passé de ce sujet de fierté. Le capitaine Chrétien me lut mon jugement, j'étais condamné à un an de prison et cinq ans d'interdiction des droits énumérés en l'article 42 du Code-pénal.

Quand il eut fini sa lecture, le capitaine Chrétien se pencha vers moi :

— « Vous n'en rappelez pas, n'est-ce pas ? » me dit-il « Vous êtes trop content. »

— « Oh ! oui ! » dis-je.

Et on me ramena aux Chantiers.

LXXII

J'eus le bonheur de voir mettre Astruc en liberté, et je laissai Fourmage avant qu'il ne fût jugé. Je quittai les prisons préventives, à la fois les prisons militaires, dans lesquelles j'avais passé cinq mois et vingt jours. Quels mois, quels jours !

LXXIII

La maison-de-correction de Versailles est sise rue de Paris.

J'entrai d'abord au greffe où on me fouilla, pour la forme, et où je déposai l'argent que j'avais. Le greffier-en-chef de Versailles était un homme très-convenable « qui savait allier l'humanité à la sévérité de sa consigne. » C'est ainsi qu'un *blindé*, comme nous disions, un condamné à la déportation dans une enceinte fortifiée, disant un dernier adieu à sa femme et à ses enfants, il le faisait entrer dans le greffe, au lieu de l'astreindre à recevoir sa dernière visite dans cette double cage du parloir des prisons qui constitue un de ces supplices raffinés que nous avons, nous autres gens d'humanité, substitués à la torture, en la même manière que certains hommes voudraient, toujours par humanité, remplacer la peine de mort par la prison perpétuelle.

J'ai vu de malheureux condamnés pleurer de reconnaissance en racontant ce que le gardien-chef avait fait pour eux.

Les autres gardiens étaient polis. Je ne crois pas que personne ait eu à s'en plaindre tandis que j'étais là, mais je crois plutôt qu'on eut à s'en louer. Pour moi, le gardien-chef et les gardiens furent irréprochables.

La prison, en elle-même, manquait d'air et de lumière et nous y étions entassés. J'y trouvai un bien-être relatif : un châlit, une paillasse, des draps, une couverture. J'avais passé près de trois mois sans me déshabiller après mon arrestation ; je venais encore de passer plus de trois semaines sans quitter mes vêtements ; je trouvai bon de me glisser dans des draps qui avaient cependant déjà servi. Mais les jouissances, comme toutes les choses de la vie, sont essentiellement relatives. Les lits se touchaient, car il fallait loger cette foule de condamnés des conseils-de-guerre. On avait tassé les condamnés de droit commun dans une partie de la prison et on avait affecté l'autre partie aux condamnés politiques. Le chauffoir dans lequel nous étions était si étroit pour notre nombre, que nous demeurions souvent debout et serrés, faute de pouvoir nous asseoir. On parlait beaucoup ; de temps-en-temps on recevait un journal qui donnait les nouvelles, et on faisait connaissance quand on en avait le loisir. Ce fut là que je connus l'excellent docteur Coudereau (1), qui devait être mis en liberté quelques semaines après, Calvinhac, qui était condamné comme moi à un an de prison, Henry Mouton et d'autres que l'on retrouvera bientôt. J'attendais mon ami Fourmage, j'étais très-perplexe sur son sort, je l'appris enfin.

Le soir, au dortoir, ceux qui revenaient du conseil-de-guerre racontaient aux autres ce qui se passait.

— « Il y a un capitaine qui n'a eu que six jours ! » s'écria un malheureux qui rentrait blindé.

Six jours ! tout le monde se récria. Six jours ! cela ne s'était pas encore vu ! Quel était l'heureux mortel qui n'écoppait que six jours ! Ce devait être au moins un mouchard, car on était toujours prêt à voir partout des mouchards, vieille habitude de l'Empire, et de la guerre.

— « C'est le capitaine Fourmage. »

(1) Mort en 1882, à Paris.

Fourmage! Il n'avait que six jours! Il allait revoir sa femme, ses enfants, reprendre son industrie! C'est moi qui étais content! Il viendrait sans doute faire ses six jours à la maison-de-correction? Mais non! On l'envoya aux écuries. Il ne se nomma plus parmi nous que « le capitaine Six-jours ».

LXXIV

Toujours ainsi, le soir, nous avions des nouvelles de l'affaire Lecomte et Clément-Thomas, qui se jugeait alors. Des mots lugubres retentirent et qui glacèrent d'effroi ceux qui les entendirent, quand l'affaire fut terminée.

— « A mort! » dit Herpin-Lacroix.

— « A mort! »

Et on répéta tout bas « à mort », et on discuta la condamnation. Elle nous produisait d'autant plus d'effet que nous étions convaincus de la complète innocence des condamnés.

Le commandant Piger, qui couchait dans le lit voisin du mien, s'écriait :

— « Je leur ai cependant bien expliqué comment tu les avais empêchés de pénétrer, les soldats, Herpin. Je ne comprends pas qu'ils t'aient condamné. Tu as essayé, comme moi, de tirer le général Lecomte des mains des soldats qui voulaient le fusiller. »

Les condamnés disaient :

— « Bah! ils ne nous fusilleront pas. »

Et nous, nous répétions qu'ils ne tueraient pas ; on croyait à l'amnistie et on ne croyait pas à la fusillade. Pauvre bon peuple !

LXXV

Les condamnations à mort faisaient qu'on trouvait doux d'être blindé. Tant qu'il y a vie, il y a espérance. « On ne nous enverra pas en Nouvelle-Calédonie, » disaient les uns, comme les autres disaient : « On ne nous fusillera pas. » Et tous pensaient : « Si nous

allons là-bas, nous en reviendrons bientôt. »
C'est que la haine n'était pas tant du côté des
communards et du côté des soldats que du
côté des Versaillais et que les premiers ne se
doutaient guère de ce que nourrissait le cœur
des seconds.

Le lendemain, dans le chauffoir, la discussion fut encore plus vive, et peut-être les condamnés commencèrent-ils seulement à se rendre compte du sort auquel ils étaient condamnés et qu'ils devaient subir.

LXXVI

Nous mangions dans un couloir assez large
que, à l'heure des repas, on transformait en
réfectoire. Nous avions la nourriture des prisons. Soupe et pain et le *rata* le dimanche.
Nous pouvions acheter à la cantine des bifsteks, des côtelettes, de la charcuterie, du
fromage, du vin. Comme on n'avait que quelques minutes pour prendre son repas, on em-

portait sa cantine et on la mangeait dans le chauffoir.

Je mangeais ma cantine assis sur l'extrémité d'un banc ; à l'autre bout un camarade faisait comme moi. Nous nous regardions comme deux chiens de faïence. Mon vis-à-vis avait de gros yeux, bons en même temps qu'énergiques.

— « Tiens, » murmurai-je « voilà une tête qui me va. »

Mais je n'eus pas le temps de faire sa connaissance, car on nous prévint que les condamnés à un an et moins partiraient le lendemain pour la prison où ils devaient subir leur peine.

LXXVII

Nous fûmes avertis, le matin, et aussitôt rassemblés pour partir. Le gardien-chef de Versailles remit contre un reçu nos personnes aux hommes chargés des transbordements de chair humaine, qu'on appelle « préposés du ministère, » sans doute parce qu'on lit sur leur voiture « ministère de l'intérieur ». Notre préposé avait apporté un paquet de « chapelets de saint François, » sortes de menottes composées de boules destinées à vous entrer dans les chairs, mais sur l'observation du gardien-chef que nous étions doux comme des moutons, on nous en fit grâce.

Nous montâmes au nombre de dix-huit dans une voiture assez semblable à un omnibus qui serait séparé longitudinalement par une cloison en planches. Nous nous enfonçâmes des deux côtés et nous partîmes. Un des préposés était avec nous, à la portière, un autre était à côté du conducteur. La voiture avait trois chevaux, ce qui était noble, à mon avis.

Nous prîmes la route de Paris, quelquefois escortés par des voitures de blanchisseuses dont les propriétaires nous criaient d'aller les rejoindre, ce qui aurait été plus gai que d'aller à Beauvais.

C'eût été énormément plus gai en effet, nous le sentîmes lorsque nous traversâmes notre pauvre Paris, par les quais, la place de la Concorde, les boulevards, la rue Lafayette. Et pourtant! quelle indéfinissable impression de tristesse me saisissait en sentant la terreur qui planait sur cette grande ville, en voyant les patrouilles qui la sillonnaient! Qui sait! la prison était peut-être un lieu de refuge en ces moments d'horreur!

LXXVIII

Nous arrivâmes à la gare du Nord. On nous fit passer dans un vagon cellulaire où nous occupâmes chacun une petite cellule. On sait ce que sont ces cellules : un mètre cinquante de haut, cinquante centimètres de large et soixante de profondeur. Ne soyez ni trop gros ni trop grand si vous ne voulez souffrir. J'ai déjà parlé de cela dans ma brochure des *Prisons et des Peines*.

On nous tassa dans nos cellules et l'on voulut bien ne pas nous mettre de fers aux jambes, ne point nous passer la barre de fer qui tient rivés dans toute la longueur du vagon les pieds des prisonniers.

Le préposé alla nous chercher du pain et du fromage de gruyère qu'il nous distribua. Le prix de ce frugal repas fut prélevé sur notre masse, c'est-à-dire qu'on le paya avec notre argent.

LXXIX

Il est assez facile de se figurer un vagon cellulaire en prenant pour type un omnibus, en se disant que chaque siège est une cellule ou placard tel que je l'ai décrit ci-dessus, que chacune de ces cellules séparées par une cloison en planches est fermée par une porte garnie d'un treillis en fil-de-fer par lequel l'air vous parvient, sorte de trou qui permet au besoin de passer la tête, et d'une découpure en arc de cercle par laquelle on passe forcément le bout des pieds. Le couloir qui est dans le milieu sert aux gardiens qui s'y promènent pour vous surveiller. Au bout du couloir est un poêle que l'on allume l'hiver, et les portes d'entrée du vagon sont au milieu. Dans une des cellules, la planche du siège se soulève et on s'aperçoit que cette cellule sert de latrines.

Les préposés couchent sur des matelas qu'ils étendent dans le couloir.

LXXX

Comme nous étions arrivés avant le départ du train, nous demeurâmes là-dedans pendant près de sept heures. C'est un assez joli supplice. Mais nous avons, nous autres humanitaires, aboli la torture. Du moment où le sang ne coule pas, où l'on ne hurle pas...

En arrivant à Beauvais, lieu de notre destination, nous montâmes dans l'omnibus de la ville qui nous conduisit à une grande bâtisse en briques rouges : c'était là que nous devions passer un an.

Les préposés du ministère nous remirent contre reçu au gardien-chef de la prison de Beauvais.

CINQUIÈME PARTIE

LA PRISON DE BEAUVAIS — LA LIBERTÉ

LXXXI

Nous sommes arrivés. Le gardien-chef qui répond au doux nom de Tartarin nous reçoit poliment. Il nous mène dans un bâtiment complètement isolé que l'on a fait évacuer aux femmes pour le donner aux *politiques*. Nous trouvons des châlits propres, des paillasses neuves, des draps neufs, des couvertures neuves. Il y a peu de lits dans chaque chambre. Nous sommes enchantés.

— « Nous serons bien ici, » nous écrions-nous.

Hélas!...Nous sommes le 24 novembre 1871.

LXXXII

Il faut commencer par choisir, par trier sa chambrée, car, parmi les camarades il y en a qui sont meilleurs à voir de loin que de près. Dans la chambre du premier, au fond, que nous avons choisie, il y a cinq lits. Nous sommes quatre : Vacheret, Henry Mouton, Calvinhac, et moi. Quel sera le cinquième? Henry Mouton dit : « Caron est un très-gentil garçon. » Caron doit venir avec la fournée qui arrivera demain. Nous l'attendons quand la fournée arrive. C'est mon camarade aux gros yeux qui mangeait sa soupe au bout du banc. Allons, la chambrée sera bonne !

Vacheret est un capitaine, marchand-de-vin de son métier, brave homme, qui a été en Afrique et s'y est marié. Henry Mouton (1) est aussi un ancien capitaine fédéré ; c'est un gros gaillard suffisamment énergique. Le comte de Calvinhac (2) est un étudiant en médecine, originaire de Toulouse, qui a joué le rôle de délégué de l'Algérie près la Commune de Paris. Caron (3) est un simple garde qui a signé des affiches.

On nous met un lit de plus pour Lewal, un fédéré théoricien, qui a été employé aux Affaires-étrangères. Il est de la chambrée, mais nous n'avons jamais fait la popote ensemble, tandis que, dès le premier jour, Mouton, Calvinhac, Vacheret, Caron et moi, nous vivons en commun.

(1) Aujourd'hui fabricant d'appareils de chauffage, à Paris.
(2) C'est le même citoyen-comte de Calvinhac qui a été un moment conseiller-municipal de Paris. Il est aujourd'hui conseiller-municipal de Toulouse.
(3) Aujourd'hui commerçant notable de Paris.

LXXXIII

Nous avons des poêles, du charbon, nous faisons acheter par le cantinier ce que nous voulons, nous nous faisons fournir des cocottes (j'entends des marmites) et nous nous adonnons à de plantureuses cuisines. Nous allons donc nous refaire un brin. On a été poli, nous l'avons été. Décidément nous serons aussi bien que des prisonniers peuvent désirer l'être.

LXXXIV

A partir de Beauvais, ce que j'ai de mieux à faire, c'est de transcrire les notes de mon journal; rien ne peut offrir un tableau plus vivant d'une prison, de ses ennuis, des tyrannies qu'on y subit, de ce qu'on y souffre.

LXXXV

26 novembre. — Deux jours après notre arrivée, on nous menace sans sujet de nous retirer la cantine. On ne nous permet plus qu'un demi-litre de vin, on supprime le tabac.

Le bouillon est une véritable eau claire et on nous donne du pain qui est lié seulement.

28 novembre. — On affiche un placard qui porte défense de chanter et de crier sous peine de privation de cantine et des rigueurs de la prison.

Le gardien-chef, qui est une manière de sacristain voûté à la tête de fouine, doit être d'une franchise!...

30 novembre. — On vient prendre mesure pour construire un lit-de-camp et remplacer par la promiscuité et la saleté, la propreté et le bien-être relatif dont nous jouissons.

On va faire aussi des lits-de-camp dans les autres chambrées.

On nous retire une de nos bonnes couvertures et on nous en donne une mauvaise à la place.

1er décembre. — Nous envoyons des lettres où nous nous plaignons.

Le greffier, nommé Bernardi, que nous n'avons encore vu qu'en état d'ivresse, vient au milieu de nous et crie :

— « Il y a ici des gens qui réclament. Le premier qui fait une réclamation je le soignerai. On écrit à sa famille et à ses amis ce qui se passe dans la prison. Faut pas de ça. On ne le supportera pas. Je suis un ancien gendarme, et si ça se renouvelle, je vous montrerai la dix-huitième leçon. »

En disant cela, il fait mine de donner un coup de pied. Cette dix-huitième leçon appartient-elle à la savate de l'ex-gendarme? Nous n'en avons jamais rien su.

Nous sommes avertis que nous ne pourrons plus correspondre avec nos familles que tous les huit jours. Par exemple! c'est trop fort!

Mouton, Calvinhac, Caron et moi, nous nous entendons pour prendre la tête d'un mouvement de résistance.

2 décembre. — On vend du tabac.

3 décembre. — Le greffier vient faire un tour dans les chauffoirs. Il s'appuie aux murailles pour marcher.

4 décembre. — On retire l'affiche prohibitive et nos lettres repartent tous les jours.

Par compensation on ferme les portes de nos dortoirs à huit heures du soir. Jusqu'à ce jour ces portes avaient été laissées ouvertes en cas de besoin, la nuit, maintenant c'est à nous de n'avoir aucun gros besoin.

6 décembre. — Le gardien-chef nous prévient « officiellement » que nous serons bientôt libres.

Explosions de joies!

Je n'ai jamais pu savoir pourquoi Tartarin était venu exprès nous annoncer cette fausse nouvelle. C'était peut-être une bonne farce.

9 décembre. — On pose les lits-de-camp et

on retire nos lits en fer, sauf deux, celui de Lewal et le mien.

12 décembre. — On ne nous donne plus de lampe sous prétexte que nous usons trop d'huile. On remplace la lampe par une veilleuse.

Mouton se plaint de ce que la cantine vend le papier un sou la feuille. Le greffier répond que Mouton n'aura pas d'autre papier et que s'il se procure du papier en dehors de la cantine, on supprimera sa correspondance et celle de ses co-détenus par-dessus le marché.

20 et 21 décembre. — On veut nous revêtir du costume des voleurs dont on nous menace depuis quelque temps déjà. On nous présente ce costume qui se compose d'une toque, d'une veste, d'un gilet et d'un pantalon d'un gros tissu gris.

Les spécimens qu'on nous exhibe ont l'avantage de n'avoir pas été portés.

— « On les a faits exprès pour vous ! » nous dit Tartarin.

— « Nous avons déjà déclaré que nous garderions nos habits civils. »

Nous protestons et nous nous refusons à quitter nos habits, car les condamnés politiques n'ont jamais été forcés de revêtir le costume des prisons.

— « J'ai l'ordre » dit l'illustre Tartarin « de ne point vous considérer comme détenus politiques. »

— « Allons donc! Que sommes-nous? » s'écrient à la fois Caron et Monteil.

— « Messieurs, vous ne voulez pas vous soumettre? »

— « Nous ne céderons qu'à la force. »

Tartarin et les gardiens s'en vont. Mais le lendemain, Tartarin est monté, il a bu son petit coup, les gardiens qui le suivent sont ivres :

— « Messieurs, » nous dit-il « voulez-vous vous soumettre? J'ai des ordres formels. Si vous ne voulez pas vous soumettre, je vais aller chercher la garde et on vous déshabillera. »

— « Vous avez des ordres formels ? »

— « Oui. »

— « De qui ? »

— « De M. le préfet. »

— « Qui est le préfet ? »

— « M. Choppin. »

— « Hé bien, déshabillez-nous de force, nous voulons constater que, fermes en notre droit, nous ne nous soumettons qu'à la violence. »

Nous avons eu d'abord envie de résister, mais depuis trois ou quatre jours, l'illustre Tartarin a conduit toute une intrigue.

Il a sondé en dessous les dispositions des autres détenus et il leur a fait entendre que s'ils ne se mettaient pas en rébellion, s'ils ne nous écoutaient pas, s'ils agissaient selon le bon plaisir des gardiens, on leur jetterait de petits verres de vin et des rations de cantine. Nous sentons que les détenus ont molli, qu'on ne nous suivrait pas, que l'on est prêt à nous dire que nous empêchons les camarades d'être convenablement traités dans la prison. Les gardiens portent la main sur nous pour nous déshabiller.

— « C'est bien, » disons-nous « nous constatons la violence, ne nous salissez pas davantage. »

Nous protestons énergiquement dans des lettres adressées à qui de droit.

J'envoyai la lettre suivante :

« A Monsieur le Président de la République.

» Monsieur,

» Cédant aux sollicitations de quelques-uns de mes amis et de ma famille, j'ai eu le très-grand tort de signer une demande en grâce.

» Depuis lors, j'ai été soumis à une suite de persécutions et de vexations des plus lâches, et je me suis vu, moi, homme politique, condamné comme tel, soumis au régime des détenus ordinaires.

» Depuis lors, le gouvernement de Versailles a montré qu'il n'entendait pas se départir d'une politique de haine et de sang.

» Ceux donc qui, comme moi, ne demandaient qu'à contribuer à l'œuvre d'apaisement, ne désiraient que la conciliation, ont dû s'apercevoir qu'il n'y avait pas à revenir sur un jugement prononcé par vous, qu'il n'y avait rien de bon à attendre de ceux qui, après avoir fui devant les ennemis de la France, ont livré une partie de son territoire et de sa fortune.

» Je considère qu'un honnête homme ne peut être que l'ennemi de pareils hommes. Une grâce d'eux me serait une injure.

» Je vous prie donc, Monsieur, de considérer la demande que je vous adressai comme nulle et non-avenue, ce dont vous voudrez bien donner avis au président de la commission des grâces.

» Recevez, Monsieur, l'assurance de la considération qui vous est due. »

Et j'envoyai cette autre lettre au ministre de l'Intérieur :

» Monsieur le Ministre,

» Hier, je vous ai adressé une protestation sur la manière dont on nous traitait. Aujourd'hui, après m'avoir violemment séparé de quelques-uns de mes amis, le gardien-chef est venu nous imposer l'uniforme des voleurs, sous peine de mesures graves, nous déclarant qu'il avait reçu des ordres formels.

» Ces ordres ne peuvent émaner que de vous ou de votre représentant, le préfet. J'ai protesté, mais j'ai pris les vêtements, parce que je dois éviter, dans la proportion de mes moyens, d'être une victime des procédés aussi illégaux qu'infâmes de vos agents.

» Je proteste, et déclare me réserver toute action, tant contre vous, Monsieur le Ministre, que contre le directeur de la prison et les employés.

» Recevez, Monsieur le Ministre, toute la considération qui vous est due. »

Pour comprendre cette dernière lettre, il faut savoir que Mouton avait été séparé de nous et mis dans le quartier B, mais on le réintégra dans notre quartier.

Quant à mes lettres, je les trouve absurdes en les relisant aujourd'hui, mais je me dis qu'elles étaient justes alors que je les écrivais, puisqu'elles reflétaient l'état d'exaspération où nous étions, état d'exaspération parfaitement justifié par cette suite de persécutions qui, de notre entrée en prison jusqu'à notre sortie, nous accompagna, comme si on nous eût mis dans un instrument de torture où les coups d'épingle eussent succédé aux coups d'épingle.

Le directeur de la prison est directeur des prisons du département et il réside à Clermont (Oise).

22 décembre. — On commence à nous inquiéter avec le travail forcé, les chaussons de lisières classiques.

On nous prend les cocottes dans lesquelles nous faisons notre cuisine. On nous prend nos bouteilles pour que nous ne puissions plus avoir de vin.

Mouton se plaint ; l'entrepreneur, une espèce d'escogriffe, nommé Filliol, qui a, m'a-t-on assuré, fait faillite depuis, dit à Mouton : « Si on ne veut pas travailler, je ferai payer la nourriture. »

Combien l'eau claire qui soupe est baptisée ?

24 décembre. — On supprime définitivement le tabac. Calvinhac fume des feuilles de datura et Caron des feuilles de rose.

25 décembre. — On nous dit que les lettres ne partiront plus que tous les quinze jours.

C'est un coup de l'aumônier, le chanoine Boyeldieu, qui inspire Tartarin dans nombre de ses petites persécutions. Voilà ce que c'est de refuser d'aller à la messe, et un jour de Noël encore !

1er janvier. — Nous nous arrangeons pour faire une petite fête. Ce n'est pas facile parce qu'on a supprimé les paquets de vivres que les familles envoyaient, mais on s'est procuré de l'argent, et avec de l'argent en poche, que ne fait-on pas, surtout en prison !

En donnant de l'argent aux gardiens pour se soûler on est toujours sûr de se procurer quelques satisfactions. Nous obtenons ainsi du vin et des victuailles. Le repas est gai.

C'est ici le moment, en lui souhaitant la bonne année, de faire entrer en scène le docteur Gérard.

A son arrivée à Beauvais, un nommé François Genty, agent de ventes, franc-maçon, écrivit en cette dernière qualité au vénérable de la Loge de Beauvais. Ce vénérable, le docteur Gérard, lui répondit aussitôt, lui demanda les noms de ses co-détenus et déclara qu'il ferait pour nous son possible.

J'entrai bientôt après ainsi que Caron en relation avec le docteur, et nous eûmes le bonheur de recevoir des fleurs que madame Gérard nous envoyait et qui nous apportaient un peu des parfums de la liberté. En même temps, nous recevions de ce docteur qui nous rendit plus légère notre captivité, des lettres charmantes. Comment nous parvenaient ses lettres? Par un gardien que, de son côté, il avait séduit. Cette connaissance précieuse à tant de titres devait grandir en même temps que notre captivité avancerait vers sa fin, mais je devais à mes souvenirs et à ceux de mes amis de signaler les bons rapports que nous avions déjà avec le docteur Gérard (1). Grâce à lui nos lettres pouvaient se moquer des multiples prohibitions du nommé Tartarin.

5 janvier. — Il y a parmi nous un ex-gendarme du nom de Pellichet. Il se met au mieux avec les gardiens, va se griser avec eux. Le greffier Bernardi vient trinquer avec lui jusque dans notre quartier.

(1) Le docteur Gérard est un de ces hommes bons et humains que l'on rencontre quelquefois dans la vie. C'est le médecin de tous les pauvres de Beauvais, on devine pourquoi puisque je dis qu'il est bon. Il est aujourd'hui conseiller-général de l'Oise. Madame Gérard est morte.

7 janvier. — La persécution de la messe commence.

Tartarin vient dire que ceux qui n'iront pas à la messe seront privés de cantine pendant huit jours. Au moment de la messe, un gardien ouvre la porte et crie :

— Tout le monde à la messe!

Il y a quelques détenus assez lâches pour y aller.

Oh! les détenus!... nous avons fait notre possible pour les retenir, pour leur faire entendre raison.

— « Voyons, » leur avons-nous dit « on vous traite d'assassins ; car c'est vous qui portez la peine de l'assassinat des otages, si innocent que vous soyez ; votre ennemi, c'est le prêtre ; c'est le prêtre qui a fait l'Assemblée de Versailles contre laquelle vous vous êtes révoltés ; c'est le prêtre qui a produit la bataille des Sept-Jours ; c'est le prêtre qui fait que vous êtes ici. Aucun de vous ne croit ni à Dieu ni à Diable. N'allez pas à la messe. »

La plupart eurent honte, mais d'autres préférèrent se mettre en bons termes avec les gardiens et l'aumônier. Natures de chien qu'on fouette et qui revient vous lécher en rampant pour avoir un os à ronger.

Il y avait, dans le quartier A où nous étions, moins d'ouvriers que dans le quartier B, bâtiment pareil au nôtre, situé de l'autre côté de la prison et avec lequel nous avions peu de rapports, quoiqu'il fût affecté aussi aux politiques; nous étions quatre-vingts en tout, dont la moitié dans le bâtiment A; parmi nous, il y avait deux rentiers, un casquettier, un fabricant de biberons, un laboureur, des mouleurs, des tourneurs en bois, un loueur de voitures, un bimbelotier, un marchand-de-vin, un forgeron, un gazier, un charretier, un gommeur sur ouate, un graveur, un peintre, un carrossier inventeur de plusieurs systèmes, un brocheur, un mécanicien, un régleur, un raboteur sur métaux, un plombier, un choriste, un restaurateur, un raffineur, plus ceux que j'ai déjà cités.

Parmi ceux-là, il y en avait qui étaient très-dignes. Je puis écrire les noms de Lewal, Boulanger (Théodore) et Boulanger (Jean-Baptiste), Dubut, etc., mais il y a d'autres noms que je n'écrirai pas et qui étaient indignes de figurer à côté des nôtres. Il y avait de nos co-détenus, des ouvriers, des camarades, qui nous mouchardaient et nous vendaient ; il y en eut même qui frayèrent avec les voleurs et firent commerce avec eux ! Je pourrais parler d'autres défauts encore, de la grossièreté du langage ; mais je n'écris pas ces *Souvenirs* pour me livrer à une étude du peuple, dénoncer ses vices et proclamer qu'il a sa grande éducation à faire.

A la suite de ce conflit pour la messe, le gardien-chef, sévère, mais tremblant de peur, arrive :

— « Messieurs, vous n'allez pas à la

messe. Je veux savoir pourquoi, vous comprenez. »

— « Parce que ça ne nous plaît pas. »

— « Mais enfin, il faut que je sache de quelle religion vous êtes. Vous êtes catholiques ? »

Cri général : — « Pour ça, non. »

— « Comment... Comment !... » reprend le gardien-chef démonté. « Je ferai faire une enquête. Chacun de vous dira sa religion. »

— « Monsieur le gardien-chef, » dit Calvinhac « ma religion c'est d'être libre-penseur. »

Le nommé Tartarin s'enfuit épouvanté.

8 janvier. — On nous fait espionner par les détenus ordinaires, les voleurs, qui viennent balayer, faire les lampes, etc.

Les gros ouvrages comme la vidange, le nettoyage, etc., ne sont pas faits par nous. Mais nous lavons nous-mêmes notre linge. Il y a une pompe dans le préau à laquelle nous allons faire notre toilette le matin. Nous lavons-là nos flanelles, dans un baquet, quand nous en ressentons l'envie. Je dis l'envie parce que l'hiver, nous sommes assez paresseux devant cette besogne. Plusieurs d'entre nous ne veulent pas mettre le linge distribué par la prison, mais aucun de nous n'en a de rechange et dans la vie végétative que nous menons, nous aimons mieux rester dans notre crasse que d'aller casser la glace pour laver dans le baquet.

La prison nous distribue une chemise en toile bise et un mouchoir bleu à carreaux le jeudi et le dimanche. La première chemise était neuve, mais les autres ont été sur le dos des voleurs. La plupart d'entre nous s'en servent, et il y en a auxquels ça est bien qu'elles aient servi aux voleurs.

Le gardien-chef nous présente le gardien Bouchard en nous disant qu'il restera toujours avec nous dans le quartier.

10 janvier. — On invente de fermer les portes de nos chambres pendant le jour afin

que nous ne puissions y monter et soyons obligés de rester dans les chauffoirs. Les portes seront fermées à 9 heures du matin et ouvertes à 8 heures du soir.

11 janvier. — On enlève les tables et les chaises qui se trouvent dans les chambres.

Le gardien Bouchard affecte de parler avec du miel plein la bouche.

On vient nous dire que nous ne pouvons avoir que la cantine des autres condamnés, qu'on supprimera la viande.

Pour comprendre toute la portée de cette prohibition, il faut connaître le régime des prisons qui se compose d'un pain seigle et blé de 850 grammes par homme et par jour, et d'une soupe qui doit contenir certains principes nutritifs en graisse et légumes, mais que l'entrepreneur de la maison fait avec le moins d'aliments qu'il peut et sur laquelle les gardiens prélèvent ce qui est nécessaire en graisse et légumes pour eux et leur famille.

Le dimanche, on a soixante-dix-sept grammes de viande bouillie et une purée de légumes, et le même rata est libéralement donné les jours de fêtes reconnues.

Or, à la prison de Beauvais, l'entrepreneur Filliol rognait tant qu'il pouvait, les gardiens s'approvisionnaient largement, si bien qu'il ne nous restait plus que de l'eau claire avec deux ou trois trognons de choux, de carottes ou de pommes-de-terre (jamais ensemble, séparément), et le pain, que nous avions fini par obtenir, après bien des réclamations, d'assez bonne qualité et suffisamment pétri et cuit.

Or, si, au régime réglementaire, c'est la décrépitude de l'homme, que peut devenir l'homme avec moins que le régime? Nous avions eu faim les jours où il avait plu à nos tyranneaux de bas étage de nous refuser la nourriture, nous serions morts à ce régime qui n'en était pas un.

La lutte pour notre nourriture était donc

la lutte pour notre vie, et nous la poursuivions avec un rare acharnement.

La cantine des prisonniers de droit commun se compose d'ordinaire de saucisses et de morceaux de jambon du prix 0 fr. 15 centimes; elle ne comporte pas le vin. C'est tout-à-fait insuffisant.

14 janvier. — Nouvelle persécution pour la messe. On veut nous forcer à y aller. Tous les gardiens arrivent. Calvinhac, Mouton, Caron et moi, nous refusons énergiquement et notre exemple retient une partie des camarades.

Le gardien Gervais sort du quartier en criant : « Préparez les cachots. »

Le cachot, en prison, c'est la cellule pendant un temps plus ou moins long, au pain et à l'eau; on vous donne une paillasse le soir, on vous la retire le matin; ni chaise, ni table.

Ou (c'était ainsi à Beauvais) c'est une cellule avec table, chaise, grabat en planches rempli d'un fumier ou grouillent des myriades de poux, trou pour les ordures, air et lumière par une petite tabatière, pain et eau.

16 janvier. — Le médecin visite le quartier B. Il le déclare humide, malsain, et fait un rapport au directeur.

Le médecin de la prison est M. Evrard. Nous avons été recommandés à lui par le docteur Gérard. Il est très-poli, fait ce qu'il peut pour nous, mais il est tenu par les règlements.

Précisément, le directeur arrive visiter la prison. Il y a apparence qu'il ne sait rien des persécutions multiples et des ivrogneries de Tartarin et des autres gardiens. Il demande pourquoi on a fermé les portes des dortoirs sans son ordre, et les fait ouvrir.

Après le départ du directeur le gardien-chef vient nous dire qu'il lui a parlé de la messe et que le directeur lui a répondu que nous étions libres d'y aller ou de n'y pas aller.

Les paquets de vivres venant du dehors supprimés par le gardien-chef sont rendus par le directeur.

Cependant la fermeture des portes et la suppression des paquets se reverront. Depuis cette prison, je ne songe qu'avec épouvante à ce qui peut se passer, à ce qu'on peut faire d'un être humain derrière les murs d'une prison ou derrière les murs d'un monastère.

Le gardien-chef revient nous apprendre que c'est le Préfet de l'Oise, M. Choppin, qui lui a commandé de laisser entrer nos paquets.

24 janvier. — On nous avertit que nous n'aurons plus qu'un ou deux timbres-poste par semaine. Allons bon! encore autre chose!

26 janvier. — On tâche d'exciter nos camarades contre nous et on y parvient pour quelques-uns, mais nous ne mollissons pas, nous les prêchons, nous les engueulons sans cesse, et nous les maintenons dans une dignité relative.

Le gardien-chef leur dit: « Si on vous fait

des misères, c'est la faute à ceux qui ont réclamé. Si vous nous écoutiez, tout irait bien. Vous seriez considérés. »

Et le gardien-chef va dans la cuisine où des détenus ordinaires confectionnent l'eau chaude :

— « Vous savez, » leur dit-il « je vous considère comme mille fois plus honnêtes que les politiques qui sont tous plus voleurs que vous. »

Il est impossible de se figurer la duplicité, la bassesse, la vilenie du caractère de ce nommé Tartarin (1).

27 janvier. — On nous défend de prendre des vivres à la cantine pour ceux qui n'ont pas d'argent. Nous n'en continuons pas moins à soulager autant que possible nos camarades.

Nos gardiens doivent se dire chaque matin :

---

(1) On m'a appris qu'il n'était plus à Beauvais et que le gouvernement de la République l'avait déplacé, avec avancement.

« Comment allons-nous les em...bêter aujourd'hui ? »

LXXXVI

5 février. — Depuis longtemps nous sommes tracassés à propos du travail. On tient à nous faire travailler. On nous apporte l'*Almanach de Beauvais* pour que nous choisissions une des professions exercées dans la ville. Inutile de dire que nous ne nous en occupons pas.

Jusqu'à ce jour nous avons pu empêcher nos camarades de travailler parce que nous regardons comme une indignité de nous forcer au travail. Quelques-uns nous échappent, la solidarité dans la dignité n'est pas dans les mœurs des communards. Une platitude pour un demi-setier ! Ils font des chaussons de lisière ou plutôt de tresse. La paire de chaussons est payée dix centimes en grosse tresse, vingt centimes en tresse fine. L'entrepreneur est sensé partager avec l'ouvrier ce qu'on lui donne, mais il n'accuse jamais que la moitié de ce qu'on lui paie et l'ouvrier ne perçoit, en conséquence, que le quart. Un ouvrier très-habile peut gagner une dizaine de sous par jour (1).

6 février. — Le gardien-chef remet à François Genty une lettre qu'il a gardée depuis le 18 janvier, une autre arrivée le 1ᵉʳ, et il rend à Genty une lettre écrite par lui que, depuis dix jours, il avait promis, après l'avoir lue, de mettre à la poste.

Les lettres remises à Genty ne contenaient absolument rien de répréhensible et qui pût les empêcher d'être transmises ; la preuve, c'est que Tartarin les rendait après les avoir retenues un mois.

---

(1) Petit-à-petit nous ne restâmes guère qu'une quinzaine à refuser toute espèce de travail, et ce ne fut pas sans des luttes nouvelles et sans nous être retranchés derrière l'article 40 du Code pénal qui nous fournissait une échappatoire. Dans le quartier B où personne n'avait organisé la résistance, tout le monde travaillait.

Pendant ce temps, les détenus se rongeaient les poings de ne pas avoir de réponse. Ça faisait les délices de Tartarin.

7 février. — J'ai envoyé une note sur la prison au *Rappel* et à *la Constitution*. Les gardiens l'apprennent. Ils sont furieux.

Le gardien-chef me lit avec plaisir une lettre signée Calmon, à moi adressée, dans laquelle il est dit que nous sommes astreints au règlement de la maison-de-correction où nous sommes renfermés. Le gardien-chef refuse de me remettre cette lettre et même de m'en laisser prendre copie.

On remplace le gardien Bouchard par un vieux gardien nommé Vaquerie. Le vieux gardien a des oiseaux et des fleurs; il se soûle, mais discrètement, et on en fait ce qu'on veut, avec de l'argent.

8 février. — Le gardien Bouchard se soûle avec ses collègues à la cantine de la prison. Il va dans le quartier B, monte au second croyant être au premier, ne peut ouvrir la

porte qu'il croit être la sienne, et crie : « Qui vive! en tierce! ». Il tombe sur le palier, et ronfle. Il se réveille à 5 heures du matin et revient dans le quartier A où nous l'entendons rentrer. Depuis quelques jours il venait souvent nous voir et nous réveiller en tirant nos couvertures. La veille il était venu, déjà ivre, avec un litre d'eau-de-vie à la main qu'il brandissait. Il est entré dans sa chambre et nous l'avons entendu casser son litre. Il est alors ressorti et je ne sais à quelle heure il est rentré.

10 février. — Mouton s'est beaucoup plaint de Bouchard et du gardien Gervais, une manière d'insolent petit boule-dogue qu'on nous a imposé pendant quelque temps. Pour se venger, comme Mouton est de notre bande, qu'il est un des meneurs, on le fait changer de quartier et on nous envoie à sa place un garçon de seize ans nommé Cornebois.

Nous protestons contre le départ de Mouton.

Le gardien-chef vient nous dire qu'il sait que nous tramons un complot.

Un complot ! serait-ce pour enlever Tartarin ?

Mais, en effet, nous complotons de faire un petit dîner pour le mardi-gras, le gardien Vaquerie doit même nous apporter quelques friandises que M. et Mme Gérard ont la bonté de nous envoyer.

12 février. — Mardi-gras. Le gardien Bouchard veut emmener Cornebois au cachot. Bouchard ne voit que quarte, tierce et cachot quand il est ivre. Le petit Cornebois se défend avec la vigueur de l'innocence persécutée. Caron se met en colère, il suit Bouchard chez le gardien-chef, ce dernier tremble devant la colère de Caron, on s'explique plus ou moins, le gardien-chef convient que ses gardiens sont toujours soûls, et finalement il ordonne de ramener Mouton avec nous.

Mouton revient.

Le vieux traître de Tartarin tombe dans

notre quartier, et, d'un ton diplomatique, il nous raconte que tous les gardiens sont des ivrognes, que nous pouvions répéter au directeur, si nous le voulions, que ses gardiens ne désoûlaient pas, qu'il serait le premier à l'affirmer, qu'il savait que le greffier se soûlait aussi, mais que c'était la même chose dans toutes les prisons.

Il ajoute que nous devons refuser d'obéir aux gardiens et l'envoyer chercher s'ils nous disent quelque chose.

Nous recevons la visite du général commandant à Beauvais. Quel honneur! Je ne me lève pas pour lui. Il passe très-vite.

13 février. — Le gardien Bouchard nous empêche de prendre deux gamelles, afin d'obliger chacun des détenus à aller chercher sa soupe lui-même.

Il est ivre encore.

Et voilà à quels gardes on confie la régénération des hommes qui ont faibli. Oh! c'est joli les prisons!

14 février. — Ah ! oui, on n'avait pas encore songé à cela ! Il fait si humide dans nos chambres que les habits pendus au mur y moisissent. On invente de nous retirer l'air et la lumière en faisant poser des hottes aux fenêtres.

Est-ce tout ?

15 février. — On m'a depuis longtemps retiré mon lit. On n'a laissé que celui de M. Lewal. J'ai essayé de coucher sur le lit-de-camp, mais il est trop court pour moi. J'ai mis ma paillasse à terre.

J'ai organisé une caisse qui me sert de table, en la complétant par une planchette que Charles Quentin m'a donnée à Satory. Je travaille la nuit à la lueur de la veilleuse.

On nous refuse des timbres, on refuse de faire partir nos lettres, on refuse de nous délivrer de la cantine. C'est un refrain, mais il est agaçant. Et si, dans ces conditions, des prisonniers se révoltaient, est-ce que les juges condamneraient les gardiens ?

16 février. — Grand branle-bas !

Le quartier A se trouve d'un côté de la prison, le quartier B se trouve de l'autre, au milieu est l'entrée de la prison, le greffe, le cabinet du gardien-chef, le logement du directeur et son cabinet. Un long couloir relie ces trois corps de bâtiment. On nous fait tous venir dans le couloir ; le quartier A d'un côté, le quartier B de l'autre, le gardien-chef et les gardiens se placent au milieu.

Alors le gardien-chef nous signifie que nous ne recevrons plus les paquets envoyés par nos familles.

On s'écrie : — « Mais il y en a en route. »

Le gardien-chef demande combien il faut pour que nous les recevions, on crie quinze jours.

— « Hé bien, quinze jours, soit, » dit le gardien-chef. Et on rentre dans ses quartiers respectifs.

Nous avions cru qu'il y avait coup-d'Etat dans la prison de Beauvais en Beauvoisis.

Nous prévenons le gardien-chef que nous allons réclamer auprès du directeur par voie de pétition collective. Il nous dit:

— « Vous ferez bien. »

Il proteste, dit qu'il n'a pas à se plaindre de nous, mais qu'on l'indispose contre nous. Qui? qui?

On répond : d'abord l'aumônier, ensuite Tartarin lui-même.

17 février. — On ne prend pas nos lettres, et on ne distribue pas de cantine.

Un camarade a reçu une bouteille de quinquina, on la lui a prise et on l'a bue à la cantine.

Plusieurs se plaignent que des sommes de deux, trois, cinq francs, indiquées dans les lettres comme étant insérées dans ces lettres en timbres-poste, aient disparu.

Nous avons remis de l'argent au gardien Vaquerie pour qu'il nous achète des denrées, il vient nous confesser qu'il a bu notre argent. Nous lui en donnons d'autre, qu'est-ce que vous voulez !... Heureusement que depuis assez longtemps nous avons de l'argent de poche.

18 février. — On nous rend les timbres.

Le gardien-chef vient et dit :

— « Je ne demande qu'à tout concilier. Si vous saviez combien je suis porté pour vous ! Mais je risque de perdre ma place. Je reçois des ordres. Je ne sais pas même d'où ils me viennent, ainsi... J'ai consulté la préfecture, vous ne devez plus recevoir vos paquets. Vous ne recevrez plus vos visites dans le cabinet de M. le Directeur, ni dans le greffe; vous irez au parloir grillé. Vous n'aurez plus de vin non plus. Mais reprenez de la cantine. »

Ah ! Tartarin, Tartarini, Tartarinette, mon brave, si nous vous tenions entre quat'-z-yeux ! Ah ! vous recevez des ordres du ciel, ah ! vous autorisez bénévolement à reprendre de la cantine quand nous savons que le jeune neveu de l'entrepreneur se vante de gagner de l'argent avec nous... ah! Tartarin!

L'architecte, M. Benoist-Weil, vient visiter la prison. Il la trouve humide, il déclare que nous sommes trop serrés, il se plaint de ce qu'on ait placé sans le consulter les hottes qui retirent air et lumière; il dit au gardien-chef:

« Le médecin trouve aussi que c'est trop humide, vous avez eu tort de faire ce que vous avez fait. »

19 février. — Mon pauvre ami Fourmage a la bonté de venir me voir. Il m'apporte un gigot, un gigantesque saucisson, un excellent fromage de Livarot, un Tripier, Musset, des enveloppes, des plumes, des trésors, enfin!

Je le vois au parloir grillé.

Figurez-vous une chambre divisée par deux treillis en gros fil-de-fer distants l'un de l'autre d'un mètre. Fourmage est d'un côté, moi de l'autre, et entre les deux treillis le gardien Gervais vient se poser en ricanant. C'est moi qui suis heureux de recevoir ainsi ce pauvre ami qui vient de Paris exprès pour me voir et qu'on laisse dix minutes avec moi dans cette position ! Pauvre et excellent ami auquel je ne puis même pas serrer la main !

Mais quelle joie chez les gardiens, c'est moi, moi « le grand meneur » qui ai eu la première visite dans le parloir grillé. Le soir ils sont saoûls comme trente-six grives et on les entend chanter à la cantine.

20 février. — Les lettres remises depuis plus de dix jours traînent sur le bureau du greffier. Mouton qui découvre la chose s'en plaint avec cette rare énergie qu'il a montrée tant qu'a duré sa captivité.

Le gardien-chef lui dit que sa lettre ira au Préfet.

— « Il n'y a pas de danger, » dit Mouton « elle contient des détails sur la prison. »

— « Voyez M. Monteil, » dit le gardien-chef « il n'écrit plus rien. »

Parbleu ! mon bonhomme, parce que j'ai une voie plus sûre que la tienne.

22 février. — En présence des persécutions multiples renouvelées journellement, nous prenons la résolution d'ennuyer nos gardiens à notre tour et de ne plus prendre de cantine.

Alors changement : on veut nous forcer à acheter de la cantine.

Le gardien Bouchard vient demander si on veut de la cantine. Ordinairement il y a une liste préparée qu'on remet. On lui dit qu'il n'y a pas de liste.

Bouchard s'écrie :

— « Vous ne voulez plus de cantine ! Hé bien, ça y est, on va tout vous confisquer. »

On vient prendre en effet les ustensiles de cuisine que nous possédons.

On appelle Mouton, et le jeune neveu de l'entrepreneur reprenant le thème souvent rebattu du travail obligatoire, lui dit :

— « Oui il faut que décidément on travaille ou qu'on me paie quotidiennement la nourriture. »

La nourriture revient à l'entrepreneur à cinquante centimes par jour à-peu-près (1), mais pour payer son eau chaude!.. à d'autres !

24 février. — Anniversaire républicain.

Le directeur vient.

Le citoyen Genty et moi nous sommes délégués par nos camarades auprès du directeur. Nous lui exposons ce qui se passe et nous lui remettons une note.

Nos paquets seront donnés jusqu'au 29.

Le greffier a, paraît-il, reçu un savon, car nous l'entendons crier : « Oui, il y en a qui racontent ce que nous faisons. Ils disent que nous nous soûlons. Ils verront ce que je leur ferai le jour de leur sortie de prison. »

Voici la note remise au directeur :

« Monsieur, on nous a supprimé, habits, tabac, lettres, air, lumière, et je ne sais com-

(1) Elle était soumissionnée quarante-cinq centimes.

bien de fois la cantine. On s'est plaint à vous de taquineries incessantes.

» Vous nous dîtes un jour, Monsieur, que vous auriez des égards pour nous, que vous ne pouviez nous considérer comme les voleurs qui sont ici ; plus tard vous avez protesté des intentions bienveillantes de l'administration et vous avez défendu qu'on nous persécutât.

» Les tracasseries ont continué ; elles sont de tous genres ; nous vous en entretiendrons. Aujourd'hui encore on supprime les petits envois de nos familles, ces envois pourtant nous aident à vivre, nous empêchent de tomber malades.

» Nous pensons, Monsieur, que ce qui se passe ici n'est pas connu de vous et qu'on circonvient M. le gardien-chef. Il est nécessaire, Monsieur, au point de vue du bon ordre de cette prison, que vous nous rendiez visite souvent et que des mesures radicales fassent cesser la fantaisie à laquelle nous sommes livrés. »

Le soir, nous adressions la lettre suivante au Préfet :

« Monsieur le Préfet,

» Détenus politiques à Beauvais, nous avons eu aujourd'hui la visite de M. le directeur des prisons de l'Oise. Nous lui avons fait des réclamations pour notre bien, qui sont, nous a-t-il dit, de votre ressort, Monsieur le Préfet, et que nous vous adressons.

» Nous sommes généralement habitués à une nourriture forte et quelques-uns de nous sont d'une complexion délicate ; vous savez, Monsieur le Préfet, que l'ordinaire de la maison se compose de soupe et de pain, nourriture peu substantielle, et qui amènerait indubitablement de nombreuses maladies parmi nous, si nous y étions réduits.

» Nous avons l'honneur de vous demander, Monsieur le Préfet, l'autorisation de prendre à la cantine :

» 1° Un litre de vin par jour et par homme.
» 2° De la viande fraîche,

» Aliments qui ne sont pas portés sur le tableau de la cantine.

« A ce sujet, Monsieur, ne pourriez-vous nous autoriser à recevoir les petites provisions que nos malheureuses familles nous expédient et principalement autoriser les envois faits aux personnes qui ne peuvent recevoir de l'argent ?

» Pourriez-vous autoriser le tabac à fumer et à priser (qu'on nous délivrait lors de notre arrivée) ?

» Quoique nous soyons prisonniers, vous savez, Monsieur le Préfet, que nous avons des intérêts de famille et que certains d'entre nous ont des intérêts commerciaux, nous demandons formellement que nos lettres partent chaque jour comme cela s'est fait pour nous dans toutes les prisons. Ces départs auraient pour résultat d'empêcher l'agglomération des lettres à la fin de chaque semaine, ce qui donne trop de besogne à la fois aux employés du greffe.

» Ne serait-il pas juste aussi, et ne nous accorderez-vous pas, Monsieur le Préfet, de recevoir nos visites ailleurs qu'au parloir grillé, quand nos parents viennent nous voir de Paris et même de plus loin ?

» Nons estimons trop bien fondées les réclamations que nous avons l'honneur de vous adresser, Monsieur le Préfet, pour que vous n'y fassiez droit au plus tôt.

» Et dans l'espoir d'une bonne et prompte réponse, nous vous prions d'agréer l'assurance de notre haute considération.

» Les détenus politiques de Beauvais. »

26 février. — Le gardien Bouchard a son habit tout emporté et la joue abîmée. Il s'est battu.

Un nommé Prêtre et un nommé Lortan, des nôtres, s'étaient mis au service de l'entrepreneur et des gardiens et nous distribuaient la cantine. Ils se retirent de ces nobles fonctions. C'est un voleur qui vient nous distribuer la cantine que nous avons, après prière à nous faite, consenti à reprendre. Mais on nous refuse le café, le sucre, et on ne nous donnera plus qu'une feuille de papier par semaine.

Le directeur vient environ une fois par mois. Quand il doit arriver on ne nous fait rien, mais il y a deux jours qu'il est passé et voici que ça recommence.

On parle à l'entrepreneur qui nous donne du papier. Nous fabriquons de l'encre avec de la suie détrempée dans l'eau chaude.

27 février. — Jusqu'à ce jour on n'a pas voulu me donner Musset, livre immoral. On me le délivre, sur l'ordre du directeur, dit-on.

Notre correspondance avec le dehors est encore très-irrégulière à cette époque ; cependant nous recevons fréquemment des journaux par le gardien Vaquerie.

28 février. — Pour nous distraire, nous faisons un théâtre. Je suis le lecteur. J'ai déjà

lu le *Misanthrope* et *Cinna*. Je suis écouté avec une grande attention. Voici le modèle d'une affiche que nous collons sur la porte du premier chauffoir :

GRAND THÉATRE DE BEAUVAIS

Chauffoir n° 1. — Prison de Beauvais.
Lundi, 26 février, à 6 h. précises

REPRÉSENTATION EXTRAORDINAIRE
composée de

ANDROMAQUE
de Racine (le premier acte)

LE TARTUFFE
de Molière (le troisième acte)

DON PAEZ
Poésie d'Alfred de Musset

Pour toute réclamation, s'adresser à M. Louet, chef-machiniste et concierge du théâtre.

Vu le but démocratique de ces représentations, il n'est pas délivré de billets. — Les bureaux ouvrent à 5 heures et demie.

LXXXVII

1ᵉʳ mars. — Nous apprenons que l'on pourra recevoir ses visites depuis 11 heures jusqu'à 4 heures et même déjeûner avec le visiteur.

Je n'ai pas eu de chance, moi ! Pauvre ami Fourmage !

2 mars. — Le gardien Bouchard tombe ivre-mort dans l'escalier.

Gilquin a tellement envie de sentir le tabac qu'il broie ses vieilles pipes culottées et les chique.

On n'allume plus les lampes le soir. On nous fait monter au dortoir à 7 heures et on nous ouvre les portes à 6 heures.

Le gardien-chef vient raconter que l'aumônier de la prison a soixante-dix sept ans, que c'est un vieux coureur, qu'il était curé à Bresles où il cocufiait tous les habitants qui, un beau jour, se sont fâchés et l'ont chassé.

Diantre ! comme il doit moraliser les voleurs, cet abbé, si ce que Tartarin raconte est vrai.

4 mars. — Les détenus du procès de Blois furent enfermés dans notre bâtiment après leur condamnation, jusqu'au 4 septembre. Ils avaient acheté des fleurs que le gardien Vaquerie nous apporte.

Aussitôt nous nous mettons à piocher le préau et, en moins de rien, nous improvisons un joli petit jardin qui nous égaie un peu l'œil fatigué par l'éternité rouge de nos affreux murs de briques.

Tartarin arrive furibond et nous fait détruire notre jardin. Tartarin, c'est mal.

23 mars. — Depuis longtemps, nous donnons ce que nous pouvons à ceux qui n'ont rien, mais ce n'est qu'avec la solidarité qu'on parvient à fournir le nécessaire sans obérer personne et sans froisser les amours-propres.

Caron a eu le premier la bonne pensée de fonder une société de secours-mutuels.

Nous rassemblons donc les détenus dans le chauffoir et après une discussion assez longue et fort sage, nous votons les statuts suivants :

SOCIÉTÉ DE SOLIDARITÉ DES DÉTENUS POLITIQUES DE LA MAISON DE BEAUVAIS
Bâtiment A. — 1871—1872.

STATUTS

TITRE I. — BUT DE LA SOCIÉTÉ.

Article premier. — Une caisse de prévoyance est instituée à partir de ce jour, 23 mars 1872, entre les citoyens détenus politiques du quartier A de la prison de Beauvais.

Art. 2. — Elle a pour but de venir en aide aux citoyens ne recevant aucun secours du dehors, ainsi qu'à ceux qui reçoivent trop peu pour subvenir à leurs besoins.

TITRE II. — COMPOSITION DE LA SOCIÉTÉ.

Article premier. — L'accès de la Société est libre pour tout citoyen.

Art. 2. — La qualité de sociétaire résulte d'une déclaration faite au secrétaire de la Société qui l'enregistre.

Art. 3. — La Société est instituée du moment où elle réunit cinq membres.

Art. 4. — Il sera nommé par les sociétaires, à la pluralité des votes exprimés, un président, un délégué, et un secrétaire-trésorier.

TITRE III. — COMMENT ELLE SE DIRIGE.

Article premier. — Le président, le délégué et le secrétaire forment un conseil qui a pour mission de statuer sur l'opportunité et la quantité des secours à distribuer.

Art. 2. — Le secrétaire-trésorier est chargé de la comptabilité générale.

Art. 3. — Le conseil s'enquiert des besoins et reçoit les demandes de secours.

Art. 4. — Une réunion aura lieu, sur la convocation du président, les 1er et 16 de chaque mois.

Art. 5. — A chaque séance, le secrétaire-trésorier donnera lecture d'un procès-verbal relatant les opérations générales de la quinzaine écoulée, les inscriptions ou démissions de sociétaires, etc. ainsi que l'état actuel de la caisse.

Art. 6. — Les procès-verbaux restent entre les mains du secrétaire-trésorier. Ils sont représentés à tout sociétaire qui en fait la demande.

Art. 7. — Les membres du conseil sont élus pour trois mois et immédiatement rééligibles.

Art. 8. — Ils sont révocables.

Art. 9. — La proposition de révocation devra être présentée et signée par cinq membres au moins et représentée à une des réunions générales.

Art. 10. — La demande d'expulsion d'un sociétaire doit être présentée dans les conditions stipulées à l'article précédent pour les membres du conseil.

Art. 11. — La discussion a lieu immédiatement, et le vote doit réunir les deux tiers des voix des sociétaires inscrits.

TITRE IV. — DES COTISATIONS.

Article premier. — La cotisation de chaque sociétaire est fixée au minimum de 15 centimes par semaine.

Art. 2. — Le premier versement est de 25 centimes, au moins.

Art. 3. — Tout sociétaire peut élever sa cotisation autant qu'il lui plaît chaque semaine, et même apporter des dons en nature.

Art. 4. — Le premier versement a lieu au moment de l'inscription.

TITRE V. — COMMENT ON DISTRIBUE LES SECOURS.

Article premier. — Le secrétaire s'adresse aux sociétaires en suivant leur ordre d'inscription ; il prévient le sociétaire dont le tour est venu de vouloir bien prendre à la cantine les objets ou denrées qui sont commandés pour lui.

Lorsque le sociétaire a reçu les objets ou denrées qui ont été demandés en son nom il les remet au secrétaire (1).

Celui-ci les distribue aux ayants droit.

Art. 2. — Le montant d'une commande ne doit pas excéder la cotisation du sociétaire.

Art. 3. — La Société ne distribue que des secours en nature.

TITRE VI. — DISPOSITIONS GÉNÉRALES.

Article premier. — Les présents statuts seront toujours susceptibles de modifications, sur la proposition d'un ou plusieurs sociétaires soumise à une assemblée générale; ces modifications sont votées à la pluralité des voix.

---

(1) Cet article s'explique par la nécessité où on se trouvait de ne prendre à la cantine que la quantité de vivres délivrée par tête.

Art. 2. — La discussion de ces modifications n'a lieu que si l'assemblée générale réunit les deux tiers des sociétaires inscrits.

Ces statuts subirent trois modifications :

1° Article premier. — Tout sociétaire possesseur de fonds soit au greffe, soit en poche, qui accepte des secours, encourt le blâme de la société.

Art. 2. — En cas de récidive, il est, par un vote, exclu de la société.

2° Article premier. — Tout sociétaire aura le droit de faire des emprunts sur la caisse sociale, soit en espèces, soit en nature, quand ce sera posible.

Art. 2. — Il en référera au bureau qui statuera sur l'opportunité de l'emprunt et qui prendra les dispositions nécessaires pour l'accorder.

3° Il devra toujours rester à la caisse de la société une encaisse de six francs au moins, laquelle somme ne pourra être employée sans un vote de la société.

J'ai tenu à donner ces statuts pour prouver qu'avec peu de chose il est possible de faire beaucoup, car, depuis le mois de mars jusqu'à notre départ, en novembre, nous pûmes subvenir aux besoins de dix à douze détenus absolument dénués de ressources.

Le docteur Gérard fut nommé président d'honneur. Monteil fut nommé président, Caron délégué, et Henri Mouton secrétaire-trésorier.

Nous apportâmes tous nos soins à la bonne marche et à la prospérité de la Société que nous laissâmes avec une encaisse considérable, plus de quarante francs ! Nous pensions que la Société fonctionnerait après nous ; nous avions fait, à la fin, eu égard au va-et-vient des prisonniers dont les uns arrivaient tandis que les autres sortaient, insérer dans les statuts que le président serait renouvelé tous les quinze jours. Mouton laissait une comptabilité digne d'une grande maison de commerce, mais la Société s'en fut à vau-l'eau.

Puisse-t-elle, cependant, si des temps calamiteux revenaient jamais, servir de modèle aux nouveaux prisonniers, car nous pouvons dire, et c'est notre consolation pour les sottises que nos camarades nous firent trop souvent, nous pouvons dire que tant qu'elle fonctionna, personne n'eut faim parmi nous.

LXXXVIII

6 avril. — Nous recevons la visite du directeur. Il paraît que depuis plus d'un mois Tartarin aurait dû nous dire que le docteur M. Évrard avait reçu l'ordre de faire le plus d'exceptions possibles en notre faveur et qu'il pouvait nous accorder du vin, de la viande fraîche, etc. En un mot, c'est la réponse à notre lettre.

Le directeur raconte que le préfet a ri de ce qu'on lui adressait cette lettre et a dit que c'était une affaire d'intérieur qui ne souffrirait nulle difficulté.

Mouton se plaint qu'on n'ait pas communiqué cette réponse et Tartarin jure ses grands dieux qu'il nous a déjà dit tout cela.

7 avril. — Sur la dénonciation de nos co-détenus et sur une apostrophe du gardien Gervais, Mouton est conduit au cachot.

Nous le réclamons énergiquement, et Caron dit au gardien-chef :

— « C'est vous qui nous avez autorisé à ne pas obéir à vos gardiens quand ils sont ivres. »

9 avril. — A 6 heures du matin, le gardien-chef me fait appeler pour me proposer de me mettre en cellule avec deux ou trois de mes compagnons.

Il veut nous séparer les uns des autres, empêcher notre action sur nos co-détenus.

Je lui demande le temps de la réfléxion. Je consulte Calvinhac, Caron et Mouton qui s'opposent énergiquement à ce que nous soyons séparés de nos camarades.

J'écris au gardien-chef :

« Monsieur le gardien-chef,

» Je serais très-heureux d'aller, même avec un ou deux de mes camarades, dans une chambre individuelle, car cela me permettrait de travailler plus paisiblement qu'ici, mais je tiens à rester avant tout dans la stricte légalité autant vis-à-vis de l'administration de cette prison qu'envers le gouvernement. On ne sait pas, Monsieur, ce que l'avenir réserve, et il faut toujours avoir le droit et la loi pour soi.

» Je resterai donc dans les conditions faites ici à la généralité des détenus politiques.

» J'y tiens d'autant plus que notre nouveau gardien, M. Vaquerie, est très-poli avec nous et que nous nous louons fort de lui, jusqu'à-présent.

» Je termine en souhaitant, Monsieur, que M. Mouton, qui n'a pas insulté M. le gardien et s'est simplement conformé à vos recommandations, soit bientôt délivré, et je souhaite grandement, Monsieur, que des influences trop faciles à découvrir, ne nuisent pas aux bons rapports que nous devrions tous entretenir avec vous, ce qui a toujours lieu, du reste, quand il n'y a pas de provocation.

» Croyez à la considération qui vous est due.

» Monteil. »

A la suite de cette lettre le gardien-chef arrive. Il rend Mouton à la liberté.

On l'avait mis dans une chambre de sûreté d'où on avait fait sortir un voleur qui était nu sur le lit de camp, au milieu de ses ordures et de la vermine. Quelque persécuté d'intérieur de prison, sans doute.

18 avril. — Le gardien-chef veut savoir ce que j'écris la journée entière. Je l'envoie promener.

J'ai travaillé à des productions littéraires tant que je suis resté en prison. J'ai aussi écrit ces *Souvenirs* qui combleront de joie, je n'en doute pas, l'illustre Tartarin.

19 avril. — Le gardien Vaquerie qui commence à faire ponctuellement nos grandes et nos petites commissions et à nous mettre en communication journalière avec le docteur Gérard, nous annonce qu'on nous forcera à travailler.

LXXXIX

6 mai. — Tous les sociétaires, c'est-à-dire tous les détenus, moins deux ou trois, prennent part à un grand banquet que nous avons organisé sous les auspices du gardien Vaquerie et de l'entrepreneur, enchanté de ce qu'on lui fait gagner quelques sous.

28 mai. — M. le préfet est de tous les préfets le préfet le plus préfet, car il dîne chez le duc d'Aumale et il a M. Tripier, orléaniste farouche, pour secrétaire-général. Il se nomme Choppin de la Choppinette ou

quelque autre noblesse de ce genre. Qu'il ait des rivaux, la chose est sûre, mais aucun ne saurait le surpasser en préféterie.

Ce n'est point une de ces petites girouettes qui vont où le vent les pousse, c'est une maîtresse girouette qui se tourne d'avance du côté d'où elle suppose que viendra le vent.

M. Cresson, son maître ès-préféterie, a dû lui dire : « J'ai défendu les victimes de juin, j'ai versé des larmes sur les déportés, aujourd'hui Préfet-de-police, j'emprisonne et déporte moi-même. C'est ainsi qu'on fait son chemin. »

M. Choppin fera le sien si la Choppinette ne l'étrangle.

M. le préfet vient nous visiter. Quel honneur ! Ah ! Monsieur !... Il est, dit-on, suivi de son fils, comble de grâce ! Il passe. Tous ceux qui viennent visiter la prison, même quand la loi les y oblige, passent ainsi, en s'arrêtant le moins possible.

Il entre dans la chambrée où je suis en

train de manger mon pain avec du saucisson de Lyon.

Je lui dis :

— « Ah ! Monsieur le préfet, vous venez constater que nous manquons d'air. »

Il ne répond rien, mais en sortant il dit au gardien-chef :

— « Il y a ce grand-là qui mangeait de l'ail qui aurait bien pu se détourner en me parlant. »

Pardon monsieur, le saucisson de Lyon n'a pas d'ail, mais si j'eusse mangé de l'ail, et je l'aime, c'eût été exactement la même chose, je vous aurai regardé dans les yeux.

Il trouve à l'infirmerie Calvinhac, qui nous a quittés depuis quelque temps, et que sa famille, qui est archi-catholique, lui a recommandé.

— « Ah ! c'est vous » dit M. Choppin « qui êtes M. de Calvinhac. J'ai de puissantes recommandations pour vous, Monsieur. »

Calvinhac s'incline profondément.

Le préfet :

— « Vous êtes républicain ? »

— « Certainement, monsieur, et vous devez en être enchanté, puisque vous êtes préfet de la République. »

M. Choppin, blessé, tourne brusquement les talons et sort.

29 mai. — Le préfet n'étant pas près de revenir, nouvelles misères !

M. Roland, cordonnier à Beauvais, donne au gardien Gervais vingt-trois francs pour un de nos camarades nommé Boirotte. Gervais ne remet rien. Boirotte réclame. Le gardien nie avoir jamais rien reçu. Roland affirme avoir donné. Boirotte conclut que le gardien a bu.

Le gardien Bouchard vient apporter une lettre.

— « Il y avait dix francs dedans » dit-il « mais j'ai mangé les dix francs. »

A la bonne heure, c'est franc, au moins. Ce Bouchard a du bon.

Mouton écrit une lettre au préfet où il lui demande si sa visite aura pour effet de nous rendre l'air en faisant enlever les hottes, ou si elle aura pour résultat de redoubler les persécutions et de faire voler l'argent.

Mouton remet la lettre cachetée.

On l'ouvre au greffe. Grand émoi. La prison est sens dessus-dessous. Voilà une lettre que le préfet ne lira guère, je pense.

XC

2 juin. — Madame Gérard nous envoie tous les lundis un bouquet de fleurs. Présent charmant. C'est le printemps qui entre chez nous.

Mai est venu nous dire au revoir ce matin sous la forme d'un frais bouquet de roses.

3 juin. — Le gardien-chef raconte au nommé Lortan, qui cultive la chèvre et le chou, le contenu de la lettre de Mouton au préfet. Lortan vient nous répéter la lettre mot-à-mot pour nous faire sa cour. Mouton écrit

au gardien-chef pour lui demander de quel droit il a décacheté une lettre envoyée à l'autorité supérieure.

Tartarin rouge comme un coq a une vive altercation avec Mouton.

9 juin. — Un des nôtres voit le gardien Bouchard ivre battre un vieux détenu ordinaire dans le préau des voleurs.

15 juin. — Je reçois avis du rejet de mon recours en grâce.

Je croyais depuis longtemps l'avoir rejeté moi-même.

Tartarin refuse de me faire voir la lettre de rejet et de m'en laisser prendre copie.

20 juin. — A la préfecture on assure que nous pouvons recevoir nos visites depuis dix heures du matin jusqu'à quatre heures.

La femme de Vivien lui rend visite et on la met brutalement à la porte à deux heures.

A la préfecture on dit que nous pouvons recevoir les provisions envoyées par nos parents; ici on refuse de nous les délivrer.

Arrive un condamné ancien ouvrier chez Cail. Il raconte qu'un marchand-de-vins, 199, boulevard de Grenelle, était de la garde-nationale. On est venu pour l'arrêter. Ne le trouvant pas, on a pris son beau-frère, et on a déclaré qu'on ne rendrait pas son beau-frère à la liberté tant que, lui, il ne se serait pas constitué prisonnier. On a gardé son beau-frère cinq mois. Au bout de ce terme, le marchand-de-vins a délivré son beau-frère. Il a été condamné à cinq ans de prison.

24 juin. — On nous a tant et si souvent ennuyé pour le travail que nombre d'entre nous ont fini par travailler, la plupart aux chaussons de tresse. Il paraît que c'est l'entrepreneur qui a causé tout le trouble à propos du travail « parce qu'il voulait que nous lui rapportassions de l'argent. »

Quelques-uns, il est vrai, n'ont pas voulu se laisser exploiter par l'entrepreneur et ont passé avec lui des marchés à forfait, mais la masse subit cette abominable exploitation qu'on appelle « l'entreprise des prisons. »

Ainsi, aujourd'hui, l'entrepreneur vient de régler avec Louet le prix de collages de sacs de papier.

L'entrepreneur avait dit avoir 4 francs par 1,000 sacs; il donnerait donc 2 francs aux ouvriers; le collage de 20,000 sacs a pris huit journées de quinze heures à cinq hommes, qui s'imaginèrent avoir gagné 40 francs.

L'entrepreneur Filliol leur donne 10 francs et les menace du cachot s'ils réclament!

XCI

8 juillet. — On nous rend nos habits civils pour leur faire prendre l'air. Ils sont pourris.

9 juillet. — Nous entendons un grand tumulte, c'est le greffier qui menace le gardien-chef « de lui casser la gueule. » Tartarin effrayé appelle la garde. La garde arrive et met

le greffier dans une chambre. En en fermant la porte le caporal dit au greffier : — « Attends, je vais faire un rapport et dire tout ce qui se fait ici. »

10 juillet. — Le gardien-chef vient me relancer et me dire que je devrais travailler pour la prison.

Je lui réponds nettement :

— « Vous pouvez vous fouiller. »

12 juillet. — Depuis quelque temps la soupe est de l'eau si claire, si claire, les chaleurs nous incommodent tellement avec les hottes, l'eau est si impotable que la dyssenterie se déclare.

Le docteur Evrard nous donne à presque tous « le régime » c'est-à-dire du pain blanc et trois œufs par jour. Trois œufs par jour, c'est ce qu'on donne aux voleurs pour les guérir, quand ils sont malades.

L'entrepreneur de la maison est furieux. Il prétend que le médecin le ruine.

13 juillet. — Vivien est au greffe.

Un monsieur entre et d'un air d'autorité demande le cahier des charges.

— « Fait-on la classe ici? » dit-il.

— « Oui, monsieur, oui, certainement. » dit Tartarin « C'est M. le greffier qui la fait. »

Il paraît qu'on doit faire l'école aux voleurs. Tartarin ment, car le greffier ne la fait pas, heureusement pour les voleurs.

24 juillet. — Mouton connaît à Beauvais le fils Baltazar. Le gardien-chef a dit au fils Baltazar que Mouton était une espèce de fou mis constamment au cachot.

Mouton furieux dit à Tartarin qu'il en a menti.

Tartarin n'est pas content.

28 juillet. — On nous fait savoir que ceux qui formeront une nouvelle demande en grâce après que la première aura été rejetée ne verront pas la commission statuer sur cette nouvelle demande.

Les puces nous dévorent.

XCII

1ᵉʳ août. — Nous apprenons que l'emprunt de cinq milliards est couvert douze fois !

Grande joie dans la prison.

C'est la délivrance de la France.

On illumine avec des morceaux de lisière trempés dans l'huile des veilleuses.

6 août. — Nous apprenons que l'évêque est venu voir les voleurs. Il ne nous a pas choqués de sa présence.

9 août. — Oh ! oh ! oh !... On nous raconte qu'une femme (il y a, on le sait, un quartier de femmes dans la prison) enfermée depuis onze mois va accoucher, et que quatre autres femmes sont dans la même situation. Oh ! oh ! oh !

10 août. — Une des belles journées de la Révolution. La plus belle de notre séjour en prison !

Ouvrez l'oreille, écarquillez les yeux.

Ce jour-là, nous changeons la paille de nos paillasses. On nous donne environ une botte de paille fraîche tous les mois. Nous renouvelons à moitié notre lit, puisque notre couche se compose d'une paire de draps, d'une paillasse et de deux couvertures.

Nous mettons notre vieille paille en tas dans le préau et nous étalons nos couvertures sur la rampe de l'escalier pour leur faire prendre l'air.

Tout-à-coup les gardiens effarés se précipitent chez nous en criant: « L'inspecteur-général! l'inspecteur-général! »

Et nous voyons bientôt un monsieur assez grand et plutôt maigre que gros, qui traverse la cour entre le préfet et le gardien-chef.

Il montre les hottes qui sont aux fenêtres, mais je n'entends pas ce qu'il en dit.

Il demande pourquoi il y a dans le préau ces tas de paille.

Au lieu de lui répondre la vérité, c'est-à-dire que nous avons changé aujourd'hui le contenu de nos paillasses, Tartarin qui cherche toujours un mensonge répond « que tous les jours nous mettons notre paille à l'air et que nous remplissons le soir nos paillasses. »

L'inspecteur traverse rapidement les trois chauffoirs ; il demande pourquoi les couvertures pendent, et Tartarin lui dit que « c'est par ordre du médecin. »

Ce Tartarin est incommensurable.

L'inspecteur demande à quelle heure vient le médecin. Tartarin lui répond que ça dépend des jours.

— « Comment! » dit l'inspecteur « il ne vient donc pas tous les jours. »

— « Si, si, Monsieur l'Inspecteur, tous les jours, » se hâte de répondre Tartarin.

Ce n'est pas vrai, le médecin ne vient pas tous les jours, mais il paraît qu'il devrait le faire.

11 août. —A 10 heures, l'inspecteur revient chez nous.

On fait entrer tous les détenus de notre quartier dans un chauffoir.

L'inspecteur, un carnet à la main, est là, flanqué du gardien-chef et d'un gardien.

— « Combien de temps avez-vous encore à faire ? » demande l'inspecteur, d'un ton aussi cassant que bref.

On lui répond selon, deux, trois, quatre mois.

— « Personne n'a plus de quatre mois ? »

— « Si, les nouveaux. »

— « Je sais... Je sais... De vous autres ? »

— « Non. »

— « Y a-t-il des hommes qui couchent à terre ? »

— « Deux. »

— « Il faut les mettre à part, ailleurs. »

Il avise un jeu de dames.

— « Comment ! On joue aux dames, ici ! Vous n'êtes pas ici pour jouer aux dames. Enlevez-moi ce jeu. C'est bien déjà assez malheureux qu'on ne puisse pas vous faire travailler. »

Là-dessus, il sort dans le couloir et, apercevant quelques vêtements civils que nous faisons sécher.

— « Il ne faut pas qu'il y ait de vêtements. »

— « Mais, » dit Mouton « monsieur, nos vêtements sont pourris, il faut que nous en prenions soin. »

— « J'ai découvert, j'ai découvert, moi, » dit l'inspecteur « un très-bon vestiaire. C'est là que l'entrepreneur met ses effets à lui ; il n'a pas d'intérêt à ce qu'ils se gâtent. Vous auriez dû faire faire tout cela, Monsieur le Gardien-chef, on n'aurait pas à réclamer. Du reste, si vos effets sont perdus, vous les ferez payer à l'entrepreneur. »

— « Ah ! ah ! nous pouvons les faire payer à l'entrepreneur ? » dit Mouton.

— « Certainement. Monsieur le gardien-chef, vous ferez payer les vêtements. »

L'inspecteur monte aux dortoirs. Il aperçoit nos pots-de-chambre.

— « Comment, » s'écrie-t-il « ces gens-là ont des pots-de-chambre! Mais ils ne doivent pas en avoir! Vous ferez enlever ces vases. On doit prendre ses précautions le soir et n'avoir besoin de rien la nuit. Moi, j'ai élevé mes enfants à ne pas pisser la nuit, et ils ne pissent pas. »

Il descend et va sortir quand, tout-à-coup, il revient :

— « A-t-on des réclamations à faire ? N'en faites pas. Je ne les recevrais pas. Ces hommes-là ont-ils des bonnets de coton ? »

— « Non, » dit le gardien-chef qui tremble comme la feuille « je ne crois pas, Monsieur l'inspecteur, qu'il y en ait dans le cahier des charges. »

— « Comment! pas de bonnets de coton! Mais c'est très-important! Il faut qu'ils aient des bonnets de coton! Le Congrès pour la réforme pénitentiaire qui va se rassembler à Londres doit s'occuper des bonnets de coton. Je vais voir le cahier des charges. S'il n'y a pas de bonnets de coton, il faut en mettre. Il leur faut des bonnets de coton. »

Il sort. Et voilà une inspection générale. Je l'ai rapportée mot pour mot, et cependant, qui osera croire que les choses peuvent se passer ainsi !

A cinq heures, on vient nous annoncer que le vin, la viande, même ordonnés par le médecin, sont interdits, que l'inspecteur a écrit sur le livre du médecin : « Défense expresse d'accorder de la viande et du vin aux détenus, c'est contraire au règlement. » On supprime ce que nous avons demandé à la cantine. Ce serait pour nous faire mourir de faim si nous ne pouvions nous procurer des vivres en fraude !

Mais à six heures on nous apporte des bonnettes de femmes pour remplacer les bonnets de coton absents ! De quoi nous plaignons-nous ? Nous avons des bonnets.

On nous dit que cet inspecteur se nomme Fournier, que c'est un ancien directeur de maison-centrale que son bonapartisme a fait pousser aux fonctions d'inspecteur et qu'il est membre de la Société protectrice des animaux. Pauvres animaux !

12 août. — Gilquin apprend qu'on lui a soustrait deux lettres. Le gardien-chef l'avoue, mais défend à Gilquin d'en parler.

— « Soit, » dit Gilquin « mais rendez les timbres qu'elles contenaient ! »

15 août. — A partir de cette date, sans nous ennuyer plus que par le passé, le même train-train continuant, tantôt nous pouvons nous procurer ce que nous voulons, tantôt on nous refuse tout. Mais on commence à appliquer plus à la lettre le règlement et l'on prépare le terrain pour le jour où nous serons partis et où il n'y aura plus que des nouveaux.

Novembre. — Avant que de nous séparer, nous avions fondé une société qui avait pour but de nous permettre de nous soutenir mutuellement quand nous serions sortis de prison. Cette société fut toujours lettre morte. Nous nous séparâmes, chacun tira de son côté, et sauf deux ou trois, nous ne nous sommes jamais revus.

XCIII

J'ai arrêté les notes de mon journal au 15 août 1872. Il m'a paru que j'avais assez ressassé les misères dont on nous abreuvait, que j'avais raconté l'important. Il y a là de quoi se faire un tableau parfait de ce que peut être, dans sa vie journalière, un détenu dans une prison; je ne crois pas qu'un tableau pouvant donner une idée aussi exacte d'une prison ait été publié encore. Je suis donc heureux de l'avoir fait.

On trouvera dans les souvenirs qui se terminent ici des renseignements utiles. Cependant, j'ai omis un certain nombre de faits qui feront l'objet de publications ultérieures. Dans mon journal de prisonnier, j'ai également tu, par respect pour nous autres, les indignités commises par plusieurs détenus.

Plus tard, j'ajouterai sans doute quelques pages personnelles à ces mémoires qui, tels qu'ils sont, portent en soi un intérêt qui justifie amplement leur publication.

Le 3 novembre, à 6 heures du matin, les portes de la prison s'ouvraient pour moi. J'allais voir monsieur et madame Gérard, notre providence, deux vieux amis déjà, que j'apprenais à connaître et à estimer plus encore. Je trouvais chez eux mon fidèle ami Gaston Lemay. En nous adjoignant André Rousselle, nous allions faire une grande cueillette de cèpes dans les bois. Après dix-sept mois et dix jours de la détention la plus épouvantable, je revoyais la verdure et les champs. En songeant aux malheureux qui étaient encore en prison, à ceux qu'on déportait, j'avais de quoi me trouver heureux. Et je puis vraiment dire que ce fut la joie dans le cœur qu'après m'être assis à la table familiale du docteur Gérard, je pris la route de Paris en criant : « Vive la liberté! »

TABLES

I

TABLE DES MATIÈRES

Dédicace 5
Préface 7

PREMIÈRE PARTIE

Pendant la Guerre. 11
Sous la Commune. 33

DEUXIÈME PARTIE

L'Arrestation 121
Satory 143
L'Orangerie 161

TROISIÈME PARTIE

L'Hôpital-Militaire 177
Passage à l'Orangerie 191

L'Ambulance de Satory. 195
Les Chantiers 218

QUATRIÈME PARTIE

Le Cinquième Conseil-de-Guerre. . . 229
La Maison de correction de Versailles. 237
Un Voyage en cellule 245

CINQUIÈME PARTIE

La Prison de Beauvais 249
La Liberté. 330

II

TABLE DES ILLUSTRATIONS

La matinée du 21 mai. — Le long des quais de la rive gauche.—Des gardes nationaux, des femmes, des enfants, rappliquent du côté de l'Hôtel-de-Ville, chassés par les Versaillais (voir page 109). 11

Le matin du 23 mai. — Sur le Pont-des-Arts un grand garde national emmène une vingtaine d'enfants (voir page 113)... 120

Les fusillades de Satory. — La nuit du samedi 27 au dimanche 28 mai (voir page 151)... 121

Plan indiquant les positions relatives occupées par les prisonniers et les soldats à l'arsenal de Satory... 141

La Fosse aux Lions, la partie de l'Orangerie de Versailles qui était réservée aux prisonniers réputés dangereux (voir pages 163 et 194)... 175

L'ambulance de Satory. — Vue du promenoir (voir page 196)... 177

L'ambulance de Satory. — Vue intérieure, d'après une peinture exécutée par un prisonnier... 197

La prison des Chantiers à Versailles (voir page 21)... 227

La maison de correction, située rue de Paris à Versailles (voir page 236). 229

La voiture cellulaire transportant les prisonniers de Versailles à la gare du Nord (voir page 244) 248

Le bâtiment A de la prison de Beauvais. 249

L'installation de l'auteur à la prison de Beauvais 330

FIN

ŒUVRES DE EDGAR MONTEIL

Histoire. — *Les Couches sociales.* Fischbacher, Paris, 1880.

Philosophie. — *Catéchisme du libre-penseur.* Mees, Anvers, 1877. — Interdit en France par M. Jules Simon, M. Massicault étant directeur de la presse. — Rendu à l'entrée en France par M. Lepère, ministre de l'intérieur, M. Anatole de La Forge étant directeur de la presse, en avril 1879. — Marpon, Paris.

Politique. — *L'An 89 de la République.* Brouillet, Paris, 1873. — *Le Régime du goupillon* (anonyme). Sagnier, Paris, 1873. — *Le cléricalisme et les rois bourbons.* Le Chevalier, Paris, 1873. — *Le Congrès de Bruxelles de 1874.* Guillaumin, Paris, 1878. — *Des prisons et des peines.* Mees, Anvers; Sandoz et Fischbacher, Paris, 1878.

Mémoires. — *La journée d'Edgar Monteil le 4 septembre 1870.* Sardou, Bruxelles, 1878 (tiré à 25 exemplaires sur papier de Hollande).

Poésie. — *Poésies* (épuisé). — *Le Dixain Vaudevirois.* Haulard, Rouen, 1869 (tiré à 100 ex.), Jouaust, Paris.

Roman. — *Études humaines :* — *Sous le confessionnal.* Sagnier, Paris, 1873 (roman dont la publication, sous le régime du 24-mai, dut être arrêtée dans *l'Opinion nationale*). — *Histoire d'un frère ignorantin.* Brouillet, Paris, 1873 (cet ouvrage a été poursuivi à la requête de l'Institut des frères de la Doctrine chrétienne, en police correctionnelle; à Paris, en 1874; l'auteur fut condamné en un an de prison, 2,000 francs d'amende, 10,000 francs de dommages-intérêts et 2 ans de contrainte par corps). — *Antoinette Margueron.* Charpentier, Paris, 1880. — *Henriette Grey.* Charpentier,

Paris, 1880.—*Madame de Féronni*. Charpentier, Paris, 1880. — *Cornebois*. Charpentier, Paris, 1881. — *Rochefière*. Charpentier, Paris, 1882.

Roman non classé. — *Jean des Galères* (publié en partie par *l'Industriel Alsacien*, jusqu'à sa suppression par le gouvernement allemand). Bader, Mulhouse, 1877; Dentu, Paris.

Publications en feuilleton : *Maître Legars et madame de la Dière (l'Étudiant); La Riette (le Siècle); Le Joli marquis de Vernange (le Globe); La Louve de Martinville (la Liberté); Le Mariage d'Hélène (Office de publicité belge); Les Amoureux de Crussol (la République française); La Bentourette (le Bien public); Le Mariage de Mademoiselle Marthe, Monsieur Gérin (la République française); Un Mariage au Faubourg (la Réforme); Un Fou, L'Assassin (la Nouvelle Revue)*.

Voyages.—*Le Rhin allemand* (livre auquel le Bureau du colportage, en août 1877, a refusé l'estampille). Charpentier, Paris, 1879.

Critique. — *Lettre sur le Conservatoire* (épuisé). — *Le Veto sur le Ruy-Blas de Victor Hugo* (brochure saisie).

Divers. — *Les dernières tavernes* (épuisé). — *Du blindage des navires de guerre* (autographie, pas mis en vente).

SOUS PRESSE :

Chez Charavay frères : *L'exécution de Gustave Chaudey et de trois gendarmes.*

Chez Charpentier : *Les petites mariées.*

EN PRÉPARATION :

Histoire de la Littérature française depuis ses origines jusqu'à Rabelais.

CHARAVAY FRÈRES LIBRAIRES-ÉDITEURS
4 Rue de Furstenberg à Paris

BIBLIOTHÈQUE A TROIS FRANCS CINQUANTE

LE CAPITAINE SANS-FAÇON, 1813, épisode de l'Histoire de la Contre-Révolution, par Gilbert-Augustin Thierry, 1 vol. in-18 (cinquième édition), illustré par Gaucherel, Fr. Régamey, et A. Normand.

ISOLINE ET LA FLEUR-SERPENT, par Judith Gautier, 1 vol. in-18 illustré, par Fr. Régamey et Constantin.

DIOGÈNE LE CHIEN, par Paul Hervieu, 1 vol. in-18, avec quatre compositions de Tofani (troisième édition).

LA DAME D'ENTREMONT, récit du temps de Charles IX, par Ernest d'Hervilly, 1 vol. in-18 illustré par Fr. Régamey et A. Normand.

ROMANS DAUPHINOIS, par Léon Barracand, 1 vol. in-18, avec huit compositions de Tofani.

MADAME CALIBAN, par Alfred Bonsergent, 1 vol. in-18 avec quatre compositions de Tofani.

NOUVELLES PARISIENNES, par Philippe Chaperon, 1 vol. in-18 avec douze compositions de Tofani.

MIETTE ET BROSCOCO, par Alfred Bonsergent, 1 vol. in-18 de 350 pages.

SOUVENIRS DE LA COMMUNE, 1871, par Edgar Monteil, 1 vol. in-18 illustré par Tofani.

LA TERRE NATALE, impressions d'un Campagnard, par le baron Lafond de Saint-Mur, 1 vol. in-18.

GRANDES DAMES ET PÉCHERESSES, études d'histoire et de mœurs au XVIIIe siècle, d'après des documents inédits, par Honoré Bonhomme, 1 vol. in-18, avec une vue du château de Chenonce...

LES DERNIERS BOURBONS, par Charles Nauroy, 1 vol. in-18.

LE THÉÂTRE DE LA RÉVOLUTION, 1789-1799, avec doc... inédits, par H. Welschinger, 1 vol. in-18 de 5... pages... par l'Académie française).

LES CAHIERS DES CURÉS, étude historique... ...hures, les cahiers imprimés et les procès-verb... ...de 1789, Ch.-L. Chassin, 1 vol. in-18 de 4...

PARIS. — IMPRIMERIE P. MOUILLOT, 13, QUAI VOLTAIRE. — 33292

w.ingramcontent.com/pod-product-compliance
ning Source LLC
ersburg PA
60454170426
B00011B/1195